後藤象二郎と
岩崎弥太郎

幕末維新を
駆け抜けた
土佐の両雄

はじめに

後藤象二郎《ごとうしょうじろう》は岩崎弥太郎《いわさきやたろう》を土佐商会の主任に任命したあと、坂本竜馬《さかもとりょうま》とともに長崎を発ち、京へ向かった。

その土佐藩船「夕顔」のなかで、象二郎と竜馬は、新しい日本の国家構想を語りあった。

そして、まとまったのが「船中八策」である。

その骨子は、将軍慶喜《よしのぶ》に大政を返上させ、そのあと、徳川を中心とする新しい諸侯連合政権をつくることであった。

後藤象二郎も坂本竜馬も、幕府との武力対決を避けたかった。

その後、象二郎は、前藩主の山内容堂《やまうちようどう》を説得し、容堂から将軍慶喜あてに、大政返上の建白書を書いてもらった。

将軍慶喜もそれを受けいれ、朝廷に「大政奉還」を申し入れた。慶喜も、もちろん、徳川中心の新政権を確信していた。

この将軍家と土佐藩の目論見は、成功するかに見えた。

そこで、先手を取られた武力討幕派の岩倉、西郷、大久保たちは、クーデターをおこすしかなかった。朝廷に働きかけ、「王政復古の大号令」を宣言させたのだ。

そして土佐藩をおさえ込み、武力で徳川幕府を滅ぼすことになったのである。

維新後、岩崎弥太郎は大阪に出てきた。長崎から、大阪・土佐商会に転勤になったのだ。

その後、弥太郎は藩から資産の払い下げを受け、三菱商会を設立し、海運事業にのり出した。武士から商人に変身したのだ。

そして、政府系の海運会社との壮絶な闘いがはじまった。弥太郎は戦いに勝利し、その会社を吸収、合併した。

こんどは外国企業との闘いがはじまった。アメリカのPM社、イギリスのPO社とのはげしい運賃値下げ競争がくり返された。

まさに死闘だった。岩崎弥太郎は、そのいずれにも勝利し、日本海運界の王者となった。

ところが、その後「明治十四年の政変」で大隈重信《おおくましげのぶ》が追放されると、大隈と親しかった弥太郎に対しても、政府ははげしく攻撃するようになった。

そして、伊藤・井上らの薩長政府は、三井《みつい》と組み、反三菱の共同運輸会社を設立した。

岩崎弥太郎は、この共同運輸との死闘の真っ最中、わずか五十歳でこの世を去った。

後藤象二郎と岩崎弥太郎

幕末維新を駆け抜けた土佐の両雄

◎目次

参考文献

1 『岩崎弥太郎、不屈の生き方』 武田鏡村　ＰＨＰ研究所
2 『岩崎弥太郎伝』 伝記刊行会編　東大出版会
3 『明治の巨人、岩崎弥太郎』 砂川幸雄　日経新聞社
4 『伯爵、後藤象二郎』 大町桂月　冨山房
5 『岩崎弥太郎日記』 伝記編纂会
6 『岩崎東山先生伝記』 三菱経済研究所
7 『後藤象二郎と近代日本』 大橋昭夫　三一書房
8 『一外交官の見た明治維新』 アーネスト・サトウ　岩波書店
9 『幕末長崎のイカロス号事件』 松竹秀雄　くさの書店
10 『自由民権と明治国家』 江村栄一編　吉川弘文館
11 『幕末維新、消された歴史』 安藤優一郎　日経新聞社
12 『大久保利通』 毛利敏彦　中公新書
13 『戊辰戦争』 佐々木克　中公新書
14 『明治六年政変』 毛利敏彦　中公新書

本文中の註番号（　）は右の文献番号を指す。

編集進行：石司隆一
装丁デザイン：ミウラデザイン事ム所

第一章

弥太郎の青春

イロハ丸事件の談判をした聖福寺（岩崎家アルバムより　国際日本文化研究センター所蔵）

江戸遊学

土佐藩の身分制度と岩崎家

岩崎弥太郎は、後藤象二郎より三歳年長である。

しかし土佐藩時代は、上士の後藤象二郎が、下士の岩崎弥太郎の上役として、事あるごとに弥太郎を引き立ててきた。

土佐藩の身分制では上士（上級武士）と下士（下級武士）があり、上士には家老、中老、馬廻、留守居組など、下士には郷士、徒士、組外、足軽などがあった。

岩崎家は元もと、郷士の家柄だったが、弥太郎が生まれる五十年ほど前に郷士株を売り、地下浪人になっていた。

地下浪人というのは藩士ではなく、実質的には百姓と同じだ。しかし名字帯刀だけは許されており、一応、武士の階層に属していた。

岩崎弥太郎は天保五年（一八三五）十二月、岩崎弥次郎と美和の長男として、土佐・安芸《あき》郡の井ノ口村に生れた。

母、美和は近所の医者の娘で、美和の兄ふたりも医者になっていた。

美和は聡明でしっかりした女性で、賢母だった。

字が下手だった塾通いの少年

弥太郎は九歳のとき、母のすすめで土佐藩の儒臣《じゅしん》、小牧米山《こまきめいざん》の塾に入り、十一歳のとき、分家の岩崎弥助の塾で学んだ。

そして十五歳になると、伯父の岡本寧浦《おかもとねいほ》の塾で勉学にはげんだ。

弥太郎は字が下手で、あるとき塾の仲間たちにわらわれたことがあった。そのとき、弥太郎はこういい返したという。

〈おれは出世したら、字のうまい人をやとって字を書かせる。ソロバンも上手な者をやとうから、下手でもかまわぬ。

枝葉末節《しようまっせつ》のことに身を入れるのは、そのほかに能のない者のする事だ〉⑵

その後、安政元年（一八五四）、弥太郎が十九歳のとき、江戸に遊学することになった。この年三月、日本はアメリカのペリーと日米和親条約をむすんでいた。

じつはこの年九月、弥太郎は、土佐藩の藩士で学者の奥宮忠次郎《おくみやちゅうじろう》（慥斎《ぞうさい》）が江戸詰めになることを知り、直接奥宮宅を訪れ、江戸遊学のつよい希望を訴えたのだった。

奥宮慥斎とともに江戸へ

奥宮は承諾し、弥太郎を従者として連れて行くことにした。従者でなければ、地下浪人が江戸に行くことなどできなかったからだ。

弥太郎の両親は、伝来の山林を売り払い、弥太郎の遊学費を工面した。

奥宮一行は十月四日、土佐を発った。

奥宮はこの日の日記に、

「弥太郎、このたび余に従ひて東行す。遊学の志なり。秀才なり」と書いた。

弥太郎は出発直前、家の近くの妙見山にのぼり、山頂にある神社の扉に、

「天下の事業はこの手腕にあり。われ志を得ずんば、再びこの山に登らず」

と大書した。

そして十一月の末、一行は江戸についた。

ある日、奥宮は弥太郎たちを連れ、江戸の町の見物に出かけた。筋違御門《すじかいごもん》まで来た

とき、いきなり、弥太郎が、

「先生、徳川の天下も、最早や末でございます」

と大声をあげた。

あわてた奥宮が、

「たわけ者、場所柄もわきまえず、暴言を吐くな」

と叱責した。

すると、弥太郎が、こういったという。

「大切な御門ゆえ、さぞ警護の侍は屈強の者であろうと存じましたが、いずれも老いた腰抜け侍ばかり。あれではメリケンの侮りを受けるも当然です」

翌年一月、弥太郎は江戸で当代一の学者、安積艮斎《あさかごんさい》の塾に入門した。

それからしばらくして、弥太郎は郷里の両親に手紙を書いた。

〈盆祭り、墓の掃除など申すに及ばず、諸払い方などにて色々、御世話しく、御苦労様と存じ奉り候。

私などは盆も盆の楽しみもなく、ただただ書物の中につかり居り申し候。御推察つかはされ度く、取り急ぎ右、申し上げ候。めで度く、かしこ。

弥太郎

父上様

母上様

御二人様ながら、御わずらいのないように。

弥之助（弟）、御祖母様、御食をなおさら御気をつけ遊ばされたく願い上げ候〉②

弥太郎は、江戸で学問に打ち込んでいた。

弥太郎、入牢

岩崎弥次郎殴打事件

ところが十二月のはじめ、郷里、井ノ口村の足軽が、母、美和の手紙を携えて弥太郎のところにやって来た。

それには、父、弥次郎が、井ノ口村の庄屋、島田便右衛門《しまだべんえもん》の配下の者になぐり倒され、重傷で寝込んでいる。至急、帰郷せよ、と書いてあった。

おどろいた弥太郎は、安積艮斎、奥宮忠次郎、両先生の許しを得て、ただちに帰郷することにした。

帰郷に際して弥太郎は、友人にこういってくやしがったという。

「余は江都に寓するわずか一年のみ。自ら思うに五、六年、あるいは七、八年、日夜、刻苦、ただ学に務め、少しくその志を達せんとせしに」

そして十二月十四日、弥太郎は衣服すべてをフロシキにつつみ、江戸を発った。衣服は途中、売り払って旅費に当てるつもりだ。

父、弥次郎がなぐられたのは、九月二十三日だった。

庄屋の島田便右衛門が弥次郎を招いて酒を飲んでいて、口論になったのだ。

庄屋の島田と村の百姓十七人は、三年ごしの水利権争いをしていた。それを仲裁したのが弥次郎だった。

一件落着したので、島田はお礼に弥次郎を自宅に招いたのだが、どういう訳かケンカになってしまった。

そして、弥次郎は、同席した島田配下の彦右衛門という男に、しこたま殴られたのである。

美和の訴えと弥次郎の涙

弥次郎の妻、美和が島田のところに行き、彦右衛門を処罰してほしい、と頼んだ。ところが島田は、殴った事実はない、いいがかりをいうな、と突っぱねた。

そこで美和は、意を決して奉行所に訴え出た。

しかし、奉行所も受けつけなかった。

美和は、日記にこう書いている。

「夫は少しも動かず、打ち臥《ふ》し、ただただ無念の涙を流して枕をあげず」

十二月末、弥太郎が井ノ口村に帰ってきた。家族は安心し、よろこんだ。

獄中から送った両親宛の手紙

村にもどった弥太郎は翌、安政三年（一八五六）一月、さっそく安芸郡の郡奉行所を訪れ、庄屋の非を訴えた。

しかし地下浪人の身分で訴え出ても、役人たちは聞く耳をもたなかった。役人は、「不確実なことを申し立てて、みだりにお上を騒がすは不届き千万」といい放った。これを聞いた弥太郎は、憤慨のあまり、奉行所の壁に、

「官、賄賂を以って成り」

と大書して引き揚げた。

すると、六月、弥太郎はいきなり逮捕され、牢にぶち込まれてしまった。

それから四ヵ月後、弥太郎は獄中から両親に手紙を書いた。

〈か様の身と相成り、一生の誤りにて御座候。最早この上は、何とも手段、御座なく候。

上に向ひ争へば争う程、長くとりこに致しおく。無念ながらも災難と御あきらめ候。かねて私は、江戸表に上り、修業致す所存にて御座候。尚更か様の所はいやにて御座候。か様なる所は実にいやいやいや。

私もここに居候ては、誠に毎日毎日、心外の涙に暮れ申し候〉②

長崎出張命令

釈放後も貧窮した蟄居生活

翌年一月、岩崎弥太郎は出牢を許された。七ヵ月間の牢獄生活だった。

その間、岩崎家は伝来の田地を売り払い、生活はますます苦しくなっていた。

弥太郎は、井ノ口村の実家にお預けとなった。

いっぽう、庄屋の島田便右衛門は、なぜか庄屋を罷免《ひめん》された。

その後四月、岩崎弥太郎は居村追放、ならびに高知城下、禁足の処分をいいわたされた。

そこで弥太郎は、実家を出て、鴨部《かもべ》村に行き、しばらくして神田《こうだ》村にうつった。

この蟄居《ちっきょ》の期間、弥太郎は小さな塾を開いた。

のち長崎で自害する亀山社中の近藤長次郎《こんどうちょうじろう》、またワイル・ウェフ号に乗って五島沖で遭難する池内蔵太《いけくらた》は、このときの教え子である。

十二月、弥太郎は追放が解除され、ふたたび井ノ口村にもどって来た。八ヵ月間の蟄居《ちっきょ》生活だった。

少林塾で吉田東洋門下生に

年が明けると（安政五年、一八五八）、弥太郎は高知城下に出て、姉聟《むこ》の吉村家の世話を受けることになった。

そして、土佐藩一の実力者で学者の吉田東洋《よしだとうよう》の塾に入門した。

吉田東洋は藩主、山内豊信《とよしげ》（容堂）の信任があつく、二十六歳で船奉行にばってきされ、その後、郡奉行、大目付を経て、三十七歳で政務のトップ仕置役（参政）に昇進した。

土佐藩の藩政三役は、

一、奉行（執政）
二、仕置役（参政）
三、大目付（大監察）

であるが、政務は実質上、仕置役が取り仕切っていた。

この吉田東洋の少林塾には、東洋の甥、後藤象二郎のほか、福岡孝弟《ふくおかたかちか》、板垣退助《いたがきたいすけ》など、十数人の有望な若者たちがいた。

岩崎弥太郎はこの少林塾で、はじめて後藤象二郎たちと知りあうことになった。

とつぜんの長崎出張

翌安政六年（一八五九）、弥太郎は東洋の推挙により、はじめて藩の役職、郷廻役《ごうまわりやく》についた。二十四歳だった。

郷廻役とは、郡《こおり》奉行所の最下級の役職で、郷村を調査、観察して廻る警吏の役である。

ところが、それからわずか二ヵ月後、岩崎弥太郎はとつぜん、長崎出張を命ぜられた。もちろん東洋の命令である。

じつはこの年、日本は欧米との通商条約により、横浜、箱館、長崎の三港を開港した。

命令をうけた上士の下許武兵衛《しももとぶへえ》と下士の岩崎弥太郎は十月、さっそく高知を発ち、長崎へ向かった。

長崎出張の目的は、長崎貿易の可能性と、列強諸国の観察である。

十二月のはじめ、ふたりは長崎についた。

弥太郎の長崎生活

花街丸山を満喫

年が明け、弥太郎はシーボルトの弟子、二宮敬作《にのみやけいさく》を訪ねた。ねらいは硝薬のつくり方だった（じつはこのとき、シーボルトは三十年ぶりに再来日していた）。

そのときのことを『岩崎弥太郎日記』にこう書いている。

〈一月十一日
午後、二宮如山（敬作）ヲ訪ネ、若先生、居合ス。
托スルニ蘭人シイボルトニ製薬ノ事ヲ以テス（硝薬のことを聞いてほしい）。
夜分、寓舎ノ向イノ酒楼二上リ、命酒、随分、愉快ヲ催ス。
酒楼ニ二妓アリ。呼テ弦ヲ弾ゼシメントス〉

さっそく花街あそびがはじまった。こうして弥太郎は、丸山の料亭で酒と女にのめり込んでいくのである。

二月には、知人の中沢寅太郎をさそって津国屋楼にのぼった。そのときの日記。

〈二月十九日

中沢ノ寓ニ赴キ、夜、津国屋楼ヲ窺ウ。常盤野（なじみの女妓）ハ不在。二妓来リ侍ル。小妓ハ十四、五、大妓ハ二十二、三。中沢ニ大妓ト小妓ト互ニ変易（交換）致シ候様、申シ含ミ置キ、小妓ヲ中沢ニ与フ。酒気モ余程、廻リ候ヘバ、盃ヲオサメ、各々入房〉

研究失敗と悪目立ちの生活

ところが、長崎出張の目的である外国情勢の研究は、完全にお手上げ状態だった。外国語がまったくダメだから、どうしようもなかったのだ。

ただ、弥太郎たちの派手な動きは、長崎奉行所の役人たちの目にとまったようだ。

役人が料亭に調べに来た、と日記に書いている。

〈三月十三日
此ノ度ノ御用向（目的）ハ、ロシア、アメリカ、フランス、オランダ、イギリス諸国ノ風土、形勢、制度ヲ子細ニ詮議（調査）致シ候様、中シ開カレ候ヘドモ、相調べ中サズ。実ニ面（顔）ニ汗スル計リ。
浪花楼ニ至リ、老婦ヲ呼ブ。
此ノ間以来、我輩ノ事、役人ドモ監察ニ参リ候ヤト相尋ネ候処、兼テ推量ニ違ワズ、二人ガ二度計リ参リ候由〉

弥太郎たちの派手な遊びぶりは、土佐の国元にもとどいたようだ。国元から、ふたりの下横目《したよこめ》が長崎にやって来た。

下横目というのは土佐藩の警吏で、調査、探索の任務を帯びていた。

下許と弥太郎は丸山通いをひかえた。だが下横目がいなくなると、弥太郎たちは、ふたたび花街にくり出すようになった。

無断帰国した弥太郎

そして藩の公金をつかい果し、こまった弥太郎は、自分を解任してほしい、と吉田東洋に請願書を書いた。

自分はオランダ語も英語も理解できない。だから海外情勢を研究することはできません、という内容だった。

そして閏三月十九日、岩崎弥太郎は藩からの返事を待たず、独断で国元に帰ってしまった。五ヵ月弱の間の長崎滞在だった。下許武兵衛は長崎に残った。

土佐に帰った弥太郎は、遊びにつかった公金を返済するため、有力者のところをかけずり廻った。

そして、ある酒造家から百両を借り、藩に支払った。

郷廻役を罷免になった弥太郎は、またしても井ノ口村の実家にもどり、農業に専念することになった。

吉田東洋、暗殺

衝撃の恩師殺害事件

翌文久元年（一八六一）、弥太郎のけんめいの働きにより、岩崎家は郷士の家格を回復することができた。下士では最高の身分だ。

そしてつぎの年二月、岩崎弥太郎は同じ郷士の娘、喜勢と結婚した。二十七歳と十六歳だった。城下町、高知で新婚生活がはじまった。

その直後、弥太郎の恩師で藩の実力者、吉田東洋が暗殺された。

じつは四月八日、吉田東洋は新しい藩主の山内豊範《とよのり》に城内で歴史を講義した。後藤象二郎や福岡孝弟も列席した。

夜、講義をおえた東洋が城を出て、自邸の近くまで来たとき、三人の刺客におそわれたのだ。東洋はその場で絶命した。四十六歳だった。

激震の藩政、実権を握る勤王党

開明派、吉田東洋の暗殺を命じたのは、土佐勤王党の党主、武市瑞山《たけちずいざん》（半平太）

だった。瑞山は過激な尊皇攘夷討幕論者だった。

吉田東洋がいなくなり、土佐藩の実権は勤王党がにぎることになった。

そして、東洋門下の者たちは、次つぎと遠ざけられていった。東洋の甥、後藤象二郎は郡奉行を辞し、横浜にのがれた。目をかけられていた岩崎弥太郎も衝撃をうけた。

ところが事件直後の六月、どういうわけか弥太郎は、藩主、豊範の江戸参勤の供を命じられた。一行には、武市瑞山をはじめ、勤王党の面々が多く参加していた。

弥太郎の危機と帰還命令

兵庫まで来たとき、自由行動の許可が出たと感ちがいした弥太郎は、単独で大坂に先行した。

この隊規違反が問題となり、弥太郎に対して、国元への帰還命令が出された。

もちろん、弥太郎はおとなしく土佐にもどったが、この帰還命令は、勤王党から弥太郎の命を守るためだったようだ。

じつは弥太郎と同行していた同じ東洋門下の井上佐市郎《いのうえさいちろう》が、その後、勤王党に殺害されているのだ。

弥太郎はしばらく高知で謹慎生活していたが、翌文久三年（一八六三）三月、またしても井ノ口村に帰った。

そして、それから三年間、弥太郎は本腰を入れて新田の開墾や木炭づくりにはげんだ。

その間、弥太郎と喜勢の間に、長女（春路《はるじ》）と長男（久弥《ひさや》）が生れた。

容堂による勤王党弾圧

この年（文久三年）五月、長州藩が攘夷《じょうい》を決行し、下関海峡でアメリカ商船を砲撃した。

ところが八月、京で公武合体派の薩摩藩と会津藩がクーデターをおこし、長州勢力を京から追放した（八月十八日の政変）。

土佐藩でも公武合体派の山内容堂（前藩主）が勤王党の弾圧にのり出した。それを中心になっておこなったのが、容堂の信任があつい後藤象二郎だった。

容堂は武市瑞山をはじめ、勤王党のメンバーを次つぎに捕え、投獄した。そして二年後、武市は切腹となった。

山内容堂は、ふたたび東洋門下の者たちを要職に起用した。後藤象二郎や福岡孝弟、そして岩崎弥太郎も、このあと重要な職務を与えられることになる。

二年後の慶応元年（一八六五）八月、井ノ口村で農業をしていた弥太郎が三郡《みこおり》奉行の郡方下役に抜擢された。

高知近郊の土佐、荒川、長岡、三郡の行政事務をおこなう仕事である。抜擢したのは、参政に出世した後藤象二郎だった。

開成館の開設、弥太郎の下役就任

翌年、土佐藩は開成館《かいせいかん》を創設した。殖産興業、貿易振興、富国強兵を目的とした藩の施設である。

十一部局に分かれていたが、そのひとつ、貨殖局《かしょくきょく》（貿易担当）は国内三ヵ所（長崎、大坂、兵庫）に出張所を設けることにした。これが土佐商会である。

この開成館の責任者に任命されたのが、参政・後藤象二郎である。そして岩崎弥太郎も、三郡奉行の下役を辞職して、この開成館、貨殖局の下役となった。

ところが弥太郎は、役人の仕事がよほど性《しよう》にあわなかったのか、二ヵ月足らずで辞めてしまった。そして、またまた井ノ口村にもどり、新田開墾と木炭づくりにはげんだのである。

土佐商会開設と奢侈な象二郎

この年（慶応二年）七月、後藤象二郎が十二人をひき連れて長崎にやってきた。そのなかに、アメリカから帰国した中浜（ジョン）万次郎もいた。

目的は、長崎に土佐商会を開設し、外国との貿易を軌道に乗せるためである。

ところが後藤象二郎の長崎生活も、弥太郎に負けず劣らず、派手だった。巨費を投じて艦船や武器を買いまくり、接待の宴会費もけたはずれだった。

土佐藩の主な輸出品は樟脳《しようのう》（食糧の防腐剤）だが、わずかな金額にしかならず、莫大な出費がつづいた。

あまりに出費が大きいので、土佐から谷干城《たにたてき》が内偵にやって来た。

象二郎が、

「すべて倒幕のためだ」

と、谷のよろこびそうなことをいうと、谷も納得した様子だった。

象二郎と竜馬

象二郎の家庭状況

後藤象二郎は天保九年(一八三八)三月、後藤正晴《ごとうまさはる》ともよの長男として高知城下に生まれた。上士の馬廻りの家柄だった。

象二郎少年は利発で頭がよく、書物をよく読んだ。

象二郎は十一歳で父親を亡くしたが、十六歳のとき、藩の要職にあった寺田左右馬《てらだそうま》の次女、磯子と結婚した。

ふたりの間に、二男二女が生れた。長女、早苗はのち、岩崎弥太郎の弟、弥之助と結婚することになる。

ところが結婚からわずか十三年後、磯子は幼い子供たちを残し、病気のため死んでしまった。

坂本竜馬の海援隊

さて、激動の慶応三年（一八六七）となった。

一月九日、明治天皇が十五歳で即位した。

一月十三日、長崎の料亭、清風亭で、後藤象二郎と坂本竜馬の会談がもたれた。ふたりは意気投合した。

会談の結果、資金不足で経営難に苦しんでいた竜馬の亀山社中が、土佐藩の外郭団体となり、土佐海援隊と称することになった。

そして、必要な資金や隊員の給料は、土佐商会から出ることになった。

海援隊隊長となった坂本竜馬が海援隊規約をつくった。

◇

一、運輸、射利（商業）、開拓、投機等、本藩（土佐藩）ノ応援ヲ為スヲ以テ主トス。

一、隊中ノ事、一切、隊長ノ処分ニ任ス。違反スル勿レ。

一、隊中修業分課。政法、火技（砲術）、航海、汽機、語学等ノ如キ、ソノ志ニ従テ之ヲ執ル。

一、隊中ノ所費ノ銭糧、ソノ自営ノ功ニ取ル（収益金でまかなう）。互ニ相分配シ私スル所アルナカレ。モシ不足、或ハ欠乏ヲ致ストキハ、出崎官（長崎の土佐商会）ノ給弁ヲ竢ツ。

◇

象二郎の評判と今後の方針

竜馬が象二郎と会ったことを知った竜馬の姉、乙女が、「姦物役人《かんぶつ》」の象二郎にだまされるな、と竜馬に手紙を書いた。

すると、竜馬から反論の手紙がとどいた。

〈書生の五十人も養い候へば、ひとりにつき年にどうしても六十両は要り申し候もの故、利を求め申し候。

土佐の人びとには後藤象二郎、福岡藤次（孝弟）、佐々木三四郎（高利）など、中でも後藤は実に同志にて、人のたましいも志も、土佐国中で他にはあるまいと存じ候。

姦物役人にだまされ候事と、御笑い下されまじく候〉⑦

ところで清風亭会談で、象二郎と竜馬は、もうひとつ重要な事を話しあった。徳川将軍の大政返上問題である。

薩摩藩、長州藩が武力倒幕を決意している中で、ふたりは土佐藩の方針として、平和的な新政権の樹立を考えていたのである。

そして、そのうちふたりで京へのぼろう、ということになった。

イロハ丸事件

福岡の誘いでふたたび長崎へ

開成館を辞めて井ノ口村で農業にはげんでいた岩崎弥太郎が、この年（慶応三年）、弟の弥之助（十六歳）をつれて高知にやってきた。弥之助を藩校の致道館に入れるためだ。

そのさい、弥太郎は、藩の仕置役に昇進していた少林塾の同門、福岡孝弟を訪ねた。

そして弥太郎は、福岡から思いがけない言葉をかけられた。長崎に、自分といっしょに行ってくれというのだ。

じつは福岡は、坂本竜馬と中岡慎太郎の脱藩赦免状を長崎の後藤象二郎に届けることになっていた。

そのさい、弥太郎を土佐商会で使いたいから、いっしょに連れて来てくれ、と象二郎に頼まれていたのだ。

そして三月十日、福岡孝弟と岩崎弥太郎は土佐藩船、「胡蝶丸」で土佐を発ち、三日後、長崎についた。

弥太郎にとって、七年ぶりの長崎だった。こんどは、土佐商会の勘定方下役という職務である。

この直後、「イロハ丸事件」がおきた。

三崎沖での沈没事件

イロハ丸というのは、後藤象二郎が伊予の大洲藩から一航海五百両で借りた、蒸気船（四百トン）で、四月十九日に長崎を発ち、大坂へ向っていた。

イロハ丸には坂本竜馬をはじめ海援隊のメンバー三十四人が乗り込んでおり、大量の武器や食糧を積んでいた。海援隊の初仕事であった。

ところが出航から四日後の四月二十三日夜、讃岐の三崎《みさき》沖を航行中のイロハ丸に、いきなり紀州・和歌山藩の明光丸（蒸気船八百九十トン）が激突したのだ。

乗務員は明光丸に乗りうつって全員、無事だったが、イロハ丸は、積荷とともに沈没してしまった。

両者は対岸の福山で話しあいをもったが、正式な交渉は、改めて長崎でおこなうことになった。

紀州藩との賠償金交渉

五月十三日、竜馬たちは長崎にもどって来た。そして、竜馬は、衝突事件の一部始終を後藤象二郎に話した。

その後、後藤象二郎と紀州藩の勘定奉行、茂田一次郎《しげたかずじろう》が、長崎の聖福寺で賠償金について談判した。岩崎弥太郎も、何回か交渉に参加した。

両者の間に立って調停役を務めたのは、薩摩藩の五代友厚《ごだいともあつ》だった。

結局、紀州藩が八万三千五百両の賠償金を土佐側に支払うことで和解が成立した。

象二郎の上洛、弥太郎の主任任命

一件落着をみた後藤象二郎と坂本竜馬は、六月九日、将軍慶喜の大政返上を実現させるため、土佐藩船、夕顔（三百トン）で長崎を発ち、京へ向った。

土佐藩はなぜか、藩船の名前に、夕顔、若紫《わかむらさき》、横笛、乙女など源氏物語に出てくるような名前をつけていた。

象二郎は出発にさいし、弥太郎を土佐商会の主任に任命し、運営を一任した。

弥太郎はよほどうれしかったのか、このときのことを日記に書いている。

「参政（象二郎）ヨリ、当地ノ事、一切、大小ナク御委任、仰セ付ケラル」

じつはこの年の二月、象二郎の妻、磯子は、幼い子供三人（長男は夭折していた）を残し、土佐で病死していた。

だが象二郎は国元に帰えることをせず、長崎からそのまま京をめざしたのだった。

紀州藩の蒸し返しと最終決着

ところが象二郎たちが長崎を発ったあと、紀州本藩が賠償金のことで猛反発し、契約を破棄するといいだした。

これには土佐商会も海援隊も、調停した五代友厚も激怒した。

その後九月、紀州から岩橋轍輔《いわはしてつすけ》が長崎に来て、海援隊の中島信行《なかじまのぶゆき》と改めて交渉した結果、七万両に減額して決着した。賠償金は大洲藩に四万二千五百両、海援隊に一万五千両、分配された。残りは不明。

第二章

象二郎と「大政奉還」

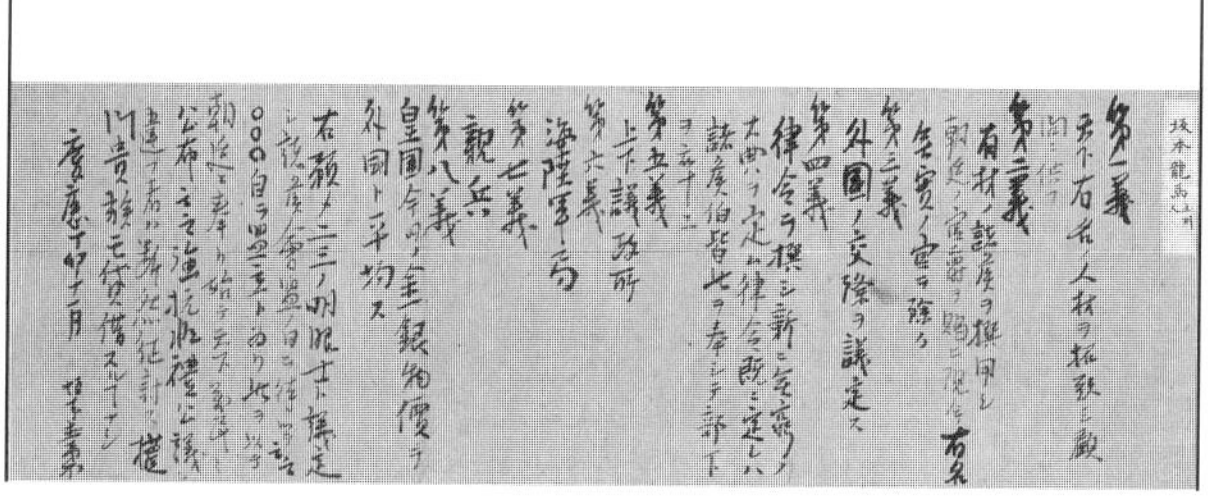

坂本龍馬之刊

第一義
天下有名ノ人材ヲ招致シ顧問ニ供フ

第二義
有材ノ諸侯ヲ撰用シ朝廷ノ官爵ヲ賜ヒ現今有名無実ノ官ヲ除ク

第三義
外国ノ交際ヲ議定ス

第四義
律令ヲ撰シ新ニ無窮ノ大典ヲ定ム律令既ニ定レハ諸侯伯皆此ヲ奉シテ部下ヲ率ス

第五義
上下議政所

第六義
海陸軍局

第七義
親兵

第八義
皇国今日ノ金銀物価ヲ外国ト平均ス

右預メ二三ノ明眼士ト議定シ

〇〇〇自ラ盟主ト為リ此ヲ以テ

朝廷ニ奉リ始テ天下万民ニ

公布云々強抗非礼公議ニ違フ者ハ断然征討ス権

門貴族モ貸借スル事ナシ

慶応丁卯十一月　坂本直柔

新政府綱領八策（坂本直柔筆）（国立国会図書館蔵）

船中八策

竜馬発案の新国家構想

後藤象二郎と坂本竜馬は藩船、「夕顔」のなかで、新しい国家構想を語りあった。そして、まとまったのが「船中八策」である。

その骨子は、将軍慶喜に大政を返上させ、そのあと、徳川を中心とする諸侯連合政権を平和的に樹立することであった。

◇

第一、天下ノ政権ヲ朝廷ニ奉還セシメ、政令ヨロシク朝廷ヨリ出ヅベキ事
第二、上下議政局ヲ設ケ、議員ヲ置キ、万機ヨロシク公議ニ決スベキ事
第三、有材ノ公卿、諸侯オヨビ天下ノ人材ヲ顧問ニ備へ、有名無実ノ官ヲ除クベキ事
第四、外国トノ交際、広ク公議ヲ取リ、新タニ至当ノ規約ヲ立ツベキ事
第五、古来ノ律令ヲ折衷《せっちゅう》シ、新タニ無窮《むきゅう》ノ大典ヲ選定スベキ事
第六、海軍ヨロシク拡張スベキ事
第七、御親兵ヲ置キ、帝都ヲ守衛セシムベキ事

第八、金銀物貨ヨロシク外国ト平均ノ法ヲ設クベキ事

◇

六月十三日、象二郎と竜馬は京に入った。しかし、かんじんの山内容堂は、このとき病で土佐に帰っていた。

そこでふたりは土佐藩の重役、福岡孝弟、佐々木三四郎《ささきさんしろう》らを説得し、平和的な新政権樹立が藩の方針となった。

薩土協約と薩摩藩の魂胆

そして十日後、象二郎たちは薩摩藩の西郷隆盛（吉之助）、大久保利通（一蔵）たちと会談し、土佐藩の平和路線に同意をもとめた。

武力討幕派の西郷、大久保たちも、将軍の大政返上に反対する理由はないので、一応、了解した。

そして、両者は四カ条の薩土協約をむすんだ。坂本竜馬、中岡慎太郎も立ちあった。

◇

一、天下の大政を議定する全権は朝廷にあり。わが皇国の制度、法則一切の万機、京《けい》師《し》の議事院より出ずるを要す。

一、議事院を建立するは、よろしく諸藩より、その入費を貢献すべし。

一、議事院を上下に分ち、議事官は正義純粋の者を推挙し、なおかつ諸侯も自ら上院の任に充つ。

一、将軍職を以て天下の万機を掌握するの理なし。自今よろしく、その職を辞して諸侯の列に帰順し、政権を朝廷に帰すべきは勿論なり。

◇

じつは西郷は、この大政返上論を慶喜は受け入れないだろうと見ていた。そこで西郷たちは、しばらく土佐藩の好きなようにやらせてみようと思ったのだ。

西郷は側近にこういったという。

〈土佐がここまで奮発したるは感心なり。しばらく土佐にやらせて見む。

建白案が通れば通りたる時の策あり。通らずんば土佐も我々と運動を共にせざるを得ざるべし。

長州と挙兵を約したるも、今はまだ発すべきに非ず〉(4)

薩摩と協約をむすんだあと、象二郎は芸州（安芸）の家老、辻誠曹《つじまさとも》を説得し、さらに幕閣の若年寄、永井尚志《ながいなおゆき》と会談した。

しかしもっとも肝心なことは、土佐の前藩主、山内容堂を説得することだった。将軍慶喜に大政返上をすすめる建白書は、山内容堂に書いてもらうしかない。

山内容堂の建白書

象二郎と容堂の会談

そこで象二郎は七月三日、京を発ち、土佐へ向かった。坂本竜馬は京に残った。

四日後、象二郎は土佐に入った。妻の死後、五ヵ月が経っていた。

象二郎はさっそく山内容堂に会った。そしてこれまでのいきさつを報告し、将軍慶喜あてに大政返上の建白書を書いてほしい、と頼んだ。

〈薩長両藩、挙兵の期、遠からず。徳川幕府の存亡は、実に夕に迫れり。臣、ここに一策あり。

我が公(容堂)、今、正々堂々、大政返上の建白を幕府に呈せられむには、聡明なる将軍、必ずこれを採用せむ。

さすれば、上、朝廷に対しては尊王の実をあげ、下、幕府に対しては、仁義をつくすと申すものなり。

かつ、薩長の意表に出でて、我が藩は天下に重きを為さしむ〉(4)

象二郎の話を聞き、容堂は目をかがやかせた。この時局を納めるには、それしかない。徳川幕府がいつまでも続くとは思えないからだ。

そこで容堂は、象二郎に向かってこういった。

「汝、よくも心付きたり。今日、天下の事、実にこの一策の外なし。

今や気運の然らしむる所、また鎌倉覇府の旧制を称守するの謂なし。

皇国のためを思はば、慶喜公もまた必ず、この大政返上案を拒むべきに非ず。

余は誓ってこれを貫徹すべし」

このあと容堂は、建白書の草案を起草するよう、象二郎たちに命じた。

建白書案の起草

しばらくして、大政返上の建白案がまとまった。

「誠惶誠恐、謹んで建白つかまつり候」からはじまり、以下のような内容になっていた。

◇

一、天下の大政を議定する全権は朝廷にあり。

一、議政所、上下を分ち、議事官は公明純良の士を選挙すべし。

一、海陸軍備は一大主要とす。世界に比類なき兵隊と為さむ事を要す。

一、議事の士大夫は私心を去り、公平に基き、術策を設けず、正直を旨とす。

◇

土佐藩の大政返上論は、武力討幕でも徳川排除でもなく、徳川首班の新政府を平和的に樹立ようとするものであった。

幕府や将軍はなくなるが、徳川中心の新しい諸侯連合政権を樹立しようという考えである。

武力討幕論

これに対して薩摩、長州の両藩は、武力で幕府を倒し、徳川の影響力を完全に排除しようとしていた。

土佐藩の重役たちは平和的な大政返上論で一致していたが、ただひとり、板垣退助だけは薩長と同じ考えで、強硬に武力討幕を主張していた。

ところで山内容堂の建白書は象二郎が持参して京に上り、幕府に提出することになった。

このとき後藤象二郎、二十九歳、藩の参政（仕置役）に昇格し、藩政の中心的な地位にいた。

ところが、このとき重大事件が勃発した。「イカロス号事件」である。

イカロス号事件

水兵殺害事件と土佐藩への嫌疑

七月六日深夜、長崎の花街、丸山でイギリス軍艦イカロス号の水兵ふたり（ロバート・フォードとジョン・ホッチングス）が泥酔して道路で寝ていたところを、何者かに斬殺された事件だ。

長崎奉行所は、土佐藩の海援隊に嫌疑をかけた。

じつは事件直後、土佐藩の藩船・横笛（二百六十トン）があわただしく長崎を出港し、さらにその直後、もう一隻の藩船も後を追うように長崎を出港して行った。

そして昼すぎ、横笛だけが長崎にもどって来たのだ。

そこで奉行所は、土佐藩が犯人を横笛に乗せて沖に出し、沖でもう一隻の船に移し変えて、横笛だけ何くわぬ顔で長崎に戻ってきた、と考えたのだ。

しかし、きめ手がない。

事件から一週間後、イギリス公使ハリー・パークスが長崎にやって来た。

パークスと弥太郎の会談

翌日、パークスは長崎奉行の徳永昌新《とくながまさもと》に会い、いまだに犯人を逮捕できないことに抗議した。

そして、パークスは、土佐藩の代表者との会見を求めた。

そこで四日後の七月十九日、土佐商会の主任になったばかりの岩崎弥太郎がイギリス領事館に行き、パークスに会った。

その席で、弥太郎は、土佐犯人説を断固、否定した。

弥太郎はこの日の日記に、自分はこう発言した、とつぎのように書いている。

「決シテ我ガ土佐国ニオイテ、左様、疑ワシキ者、一人モ之ナシ。モシ之アル時ハ、早速土佐太守（藩主）ノ命ヲ以テ即刻、斬首致ス」

しかし、パークスは納得しなかった。

土佐藩と板倉勝静の会合

翌二十日、パークスは長崎を発ち、大坂に向かった。幕府の責任者に会うためだ。

幕府は緊張した。

五年前、横浜（生麦）で薩摩兵がイギリス人を殺害し、その後、薩英戦争に発展したからだ。

老中の板倉伊賀守《いたくらいがのかみ》（勝静《かつきよ》）は、パークスに対し、近いうち平山敬忠《ひらやまよしただ》（外国奉行）と戸川忠愛《とがわただよし》（大目付）を土佐に派遣するから、土佐でかれらと話しあってほしい、といった。

このあと板倉は、京にいる土佐藩の重役、由比猪内《ゆいいない》（仕置役）、佐々木三四郎（大目付）らを大坂によび、話し合いをもった。

『伯爵、後藤象二郎』によると、つぎのようなやり取りがあった。

◇

板倉「下手人《げしゅにん》は貴藩中の由。速やかに取り調べをするよう、イギリス公使より迫り来れり。その辺の儀、知っているか」

土佐「存じ寄らず。イギリス公使が弊藩の所業と申し立つるには、確たる証拠ありや」

板倉「未だ証拠は申し出ざれども、土州人の所業に疑いなし、とイギリス公使は言い張る」

土佐「それは意外の儀なり。弊藩の者は断じて左様の儀、ひとりもこれなし」
板倉「イギリス公使は土佐人の所業とのみ思い込み故、左様の答にては承引せざるべし」
土佐「さらば、私共、直談判つかまつりたし」
板倉「その儀は相成らず。彼、大いに憤怒し、すこぶる切迫せる場合、その方共と直談判せば、いかなる事変、起るやも知れず。差し控へよ。この度の事件は、将軍家にも深く念慮に掛けられ……その方共、帰藩の上、容堂殿に取計らひを為せ」
土佐「私共、不肖なれども一藩の重役にて、私共の申すことは、土佐守・容堂の申すと同然なり」
板倉「この度は前述の通り、将軍家にも心にかけられ、容堂殿へ、とくと申し入るべし。その心得にて帰藩せよ」

◇

板倉は、幕府の意向を山内容堂に伝えたかったのだ。

象二郎とパークスの談判

三邦丸による帰藩

佐々木三四郎たちはこれを受け入れ、帰藩することにした。

ところが板倉がこのあと、とんでもないことを口にした。イギリス軍艦に乗って行け、というのだ。

「唯今、イギリス公使より申し越せる次第あり。土州藩重役ども、帰国に決せば、英国軍艦に乗り込みくれたしとの事につき、英国軍艦に乗り込むようにせられたし」

じつは佐々木たちは、帰藩することになるだろうと見通し、板倉に会う前、すでに薩摩の三邦丸の借用を決めていた。

だから佐々木たちは、板倉の申し出をきっぱりと断わった。

「その儀ははなはだ迷惑につき、お断り申す。イギリス公使、おしつけ談判に来ることは彼の勝手にて、私共は案内すべき道理なし。いかように仰せらるるとも、英国軍艦には乗りこみ申すべくもあらず」

そして八月二日、由比や佐々木たちは三邦丸に乗りこみ、土佐の須崎にやってきた。海援隊長の坂本竜馬も同行した。

翌日、幕府の外国奉行、平山敬忠も須崎についた。

平山はただちに高知に行き、将軍慶喜の親書を山内容堂に手渡した。

そして八月六日、ハリー・パークスを乗せたイギリス軍艦が須崎にやってきた。

横柄なパークスの談判

土佐は藩内騒然、藩士激昂。パークスを殺せ、と叫ぶ者もいた。

このとき、参政、後藤象二郎も土佐にいた。容堂の建白書を京に持っていく直前だった。

象二郎は、パークスの上陸は危険だと判断し、佐々木とともにイギリス艦にのりこみ、パークスと談判した。幕府の平山敬忠も立ちあった。

パークスは傲岸不遜だった。怒号を発し、テーブルをたたき、わめき散らした。象二郎が、「公使は無礼だ。然らば談判の必要なし。会見は中止する」と宣言すると、そばにいたアーネスト・サトーが、なにやらパークスに耳うちした。

すると、パークスの態度が一変、パークスは象二郎にあやまった。

ハリー・パークスはこれまでの経験から、アジア人には強圧的な態度をとるに限る、と思い込んでいた。

サトーの後藤象二郎評と和解

アーネスト・サトーはのち、後藤象二郎の人物評を書いている。

〈後藤は、これまで会った日本人のなかでもっとも物分かりのよい人物のひとりだったので、大いにハリー卿（パークス）の気に入った。

私の見るところ、ただ西郷だけが人物の点で一枚、後藤に優っていたと思う。

後藤はイカロス号の殺害事件について、判明したことはなんでも報告すると約束した。

彼は最後に、ハリー卿に対して、おおいにあけすけな言葉で、乱暴な態度について忠告し、いさめた〉⑻

談判の最後に、象二郎が

「このあと、長崎に行ってよく調べる。もし海援隊員が犯人だったら、被害者の妻子に扶助料として五万両を支払う」と約束したので、談判は終った。

パークスはこのあと、アーネスト・サトーを残し、横浜へ向かった。

土佐の重役、佐々木三四郎は、坂本竜馬やアーネスト・サトーとともに長崎へ向かった。イカロス号事件の調査のためだ。

そして後藤象二郎は、やっと山内容堂の建白書を携えて京に向かうことが出来ることになった。

建白書の提出

西郷の告白、決起準備

九月初め、象二郎は京についた。そして、ただちに西郷に会いに行った。

そのとき象二郎は、武力討幕のために決起する、と西郷に打ち明けられた。

おどろいた象二郎が、まもなく大政返上の建白書を幕府に提出するから、挙兵はもうすこし待ってほしいと頼んだが、西郷は聞き入れなかった。

薩摩藩の西郷と大久保は着々と出兵計画をすすめていた。

八月、大久保利通は芸州の辻（家老）に会い、出兵計画に参加するよう呼びかけた。

そして九月になると、薩摩藩兵千人が大坂についた。

その後（九月二十日）、大久保は山口に行き、薩摩・長州・芸州、三藩の挙兵協定を成立させた。

建白書の提出

ところで象二郎は、いきなり建白書を老中の板倉勝静に渡すと握りつぶされると思い、まず開明的な若年寄、永井尚志に会った。そして、建白書を提出したら受け入れるよう説得した。

そして十月四日、土佐藩の後藤象二郎と福岡孝弟は、容堂の建白書を、はじめて老中の板倉に提出した。

板倉はそれを受けとり、将軍慶喜のところに持って行った。

その直後、いったん長崎にもどっていた坂本竜馬がライフルや小銃千挺を船につんで土佐に納め、そして京にやってきた（十月九日）。

そして竜馬も若年寄の永井に会い、建白書を採用するよう説得した。

いっぽう、武力討幕派の岩倉具視、大久保利通、品川弥二郎《しながわやじろう》たちは十月六日に会合をもち、討幕の計画を綿密に打ちあわせた。

このとき、錦の御旗をつくることになり、品川弥二郎がそれを引きうけた。

倒幕の密勅と慶喜の決断

その二日後、岩倉、西郷、大久保たちは朝廷内の同志、中山忠能《なかやまただやす》（天皇の外祖父）、中御門経之《なかみかどつねゆき》（岩倉の義兄）、正親町三条実愛《おおぎまちさんじょうさねなる》らに対し、討幕の密勅を出してほしい、と要請した。

そこで十月十三日、朝廷は薩長両藩主に対し、討幕を命じたのである。

「賊臣、慶喜を殄戮《てんりく》せよ」という、激しい内容であった。

いっぽう、山内容堂の建白書を受けとった将軍慶喜は、側近の板倉勝静（老中）、永井尚志（若年寄）、松平容保《かたもり》（京都守護職）、松平定敬《さだたか》（京都所司代）らと相談し、結局、大政奉還を決断した。

諮問会議

二条城での集議

そして十月十三日、将軍慶喜は在京四十藩の重役たちを二条城に招集し、大政奉還のぜひを諮問した。土佐藩からは、後藤象二郎と福岡孝弟が出席した。

二条城の大広間に、徳川慶喜、板倉勝静、永井尚志、松平容保、定敬（兄弟）らが顔をそろえた。

じつはこの日の朝、建白書の成りゆきを心配した坂本竜馬が、会議に出席する後藤象二郎に対し、死を覚悟して臨むよう、手紙を書いた。

「建白の儀、万一、行なはれざれば固より死ぬ御覚悟ならむ。私も海援隊を以て大樹（慶喜）参内の道路に待ちうけ……。

万一、先生一身の失策の為に天下の大機会を失せば、その罪、天地に容るべからず」

その直後(まだ会議前)、象二郎から返事の手紙がとどいた。

「政刑あげて朝廷に帰し奉る云々の議が行なはれざる時は、もちろん生還の心は御座なく候。

恐らくは、死を以て抵抗するつもりであります。

僕の死後、貴君が海援隊の手勢をひきいて云々のことについては、貴君が時期を図って決行する判断にまかせる。

みだりに、軽率に行動して事を破るなかれ」

ところが、将軍・徳川慶喜は、大政奉還を決めていた。この日の会議は、諮問会議というより、将軍の決意表明の場であった。

慶喜の政権構想

前日、慶喜は幕臣たちを前にして、こういっていた。

〈今日の時勢、大政返上の外に見込みとてなし。

神祖以来の将軍職を不肖の代に投げうつことは、情においても忍び難く、神祖創業の徳に対しては別して恐れ入る次第なれども、癸丑（嘉永六年のペリー来航）以来、関東の武威、衰へ、もはや天下を治むる実力なし。

自らすすんで天下の政権を朝廷に返し奉り、日本国の政令を一途に出でしめ、全国の有力なる諸侯と共に天子を輔佐し奉り、万国に対立する基礎を確立したきものぞ〉④

これを見ても分かるように、慶喜は政権から全面的に手を引くつもりはなかった。徳川家中心の新しい諸侯連合政権を構想していたのである。

これは、土佐藩の山内容堂、後藤象二郎、坂本竜馬たちの考えと同じだった。

諮問会議で将軍慶喜が大政返上の決意を表明したあと、薩摩の小松帯刀《こまつたてわき》、安芸の辻将曹、そして土佐の後藤象二郎らが、それぞれ賛成意見をのべた。

最後に、慶喜が、「大政返上を決せし上は、明日にも奉聞を遂げむ」といって会議は終った。

象二郎は安堵し、よろこんだ。二条城を出ると、夜になっていた。

象二郎の手紙

象二郎は帰宅すると、さっそく近江屋の竜馬に報告の手紙を書いた。

「ただ今、下城。大樹公（慶喜）、政権を朝廷に帰するの号令を示せり。このことを明日、奉聞、明後日の勅許を得て、政事堂を仮に設け、上院、下院を創業する事に運べり。

じつに千載の一遇、天下万姓のため、大慶これに過ぎず」

これを読んだ竜馬は、感激のあまり、「さても見事なる決心かな。余は慶喜公に一命を授くるも惜しからず」

と叫んだという。

大政奉還

将軍職の辞任と朝廷の困惑

翌十月十四日、将軍慶喜はさっそく、大政奉還の上表文を朝廷に提出した。

「従来ノ旧習ヲ改メ、政権ヲ朝廷ニ返シ奉リ、広ク天下ノ公儀ヲ尽シ、聖断ヲ仰ギ、共ニ皇国ヲ保護ツカマツリ候ヘバ、必ズ海外万国ト並ビ立ツベク候」

じつはこのころ、慶喜は側近の西周《にしあまね》と新たな政権構想を密接に話しあっていた（西周はオランダ留学の経験もある思想家）。

それはもちろん、徳川慶喜を頂点とする諸侯連合の新政権である。

坂本竜馬は、三条実美《さんじょうさねとみ》と徳川慶喜を最高指導者とする政権構想をもっていた。

大政奉還から十日後、徳川慶喜は将軍職辞任を申し出た。

「将軍職、御辞退、申しあげ奉り候」

ところが朝廷としては、いきなり国政を任されても、政権担当能力はない。いましばらく、内政も外政もこれまで通りそちらで処理してくれ、と返事するしかなかった。

象二郎の昇進

十一月のはじめ、後藤象二郎は京を発ち、土佐へ向かった。慶喜が大政奉還したことを山内容堂に伝え、そして、政局のキーマンとなる容堂を京に連れて来るためだった。

土佐に帰った象二郎は、これまでの功績をみとめられ、参政から家老格の奉行（執政）に昇格した。藩主に次ぐ、藩政の最高ポストだ。このとき後藤象二郎、二十九歳だった。

竜馬暗殺「近江屋事件」

象二郎が土佐にいたとき、京で坂本竜馬が暗殺された。

十一月十五日の夜、近江屋にいた坂本竜馬と中岡慎太郎が数人の刺客におそわれ、竜馬はその場で絶命、中岡は二日後に死んだ。竜馬はこの日、三十二回目の誕生日だった。

犯人は、幕府の京都見廻組の者たちだった。

なにも知らない象二郎は二日後の十一月十七日、高知を発ち、京へ向かった。じつは後藤象二郎も、幕府側、討幕側、双方から命を狙われていた。

大坂で船を降りた象二郎は、京までの道中、危険なこともあったが、二十一日、無事、京についた。そして、竜馬が殺されたことを、はじめて知った。

新案の提示と否認

四日後の十一月二十五日、象二郎はさっそく越前（福井）藩邸を訪れ、新政権案を示した。それは二条斎敬《にじょうなりゆき》（摂政）と徳川慶喜を最高指導者とするものであった。越前藩も賛同した。

しかし倒幕派の西郷、大久保たちは、もちろん、この案を認めなかった。

このとき薩摩藩主の島津茂久《しまづもちひさ》（忠義）が三千の大軍を率いて入京していた。また、長州兵、芸州兵も京に向かっていた。

第三章 幕府の滅亡と戊辰戦争

実際は上野戦争が描かれた「本能寺合戰之圖」（野田市立図書館蔵）

王政復古のクーデター

クーデター計画

討幕派の西郷、大久保たちは、徳川を完全に排除し、総裁・議定《ぎじょう》・参与の三職で新政府をつくる案で朝廷工作をはじめた。

朝廷の実力者、中山・中御門・正親町三条らも、それを承諾した。

そして十二月二日、西郷と大久保は象二郎を訪ね、クーデターを決行する、と宣言した。そして、象二郎にも協力をもとめた。

事ここに至っては、象二郎としても受け入れるしかなかった。

西郷らの武力討幕のつよい決意を知った後藤象二郎は、おなじ土佐藩の重役（参政）、福岡孝弟と話しあった。

この期におよんで薩長に抵抗すると、土佐藩が朝敵にされるおそれがある。ここは薩長の側につくしかない、ということでふたりは一致した。

土佐藩の平和路線の敗北だった。

このとき福岡が「容堂公は激怒するだろう」というと、象二郎が「自分が容堂公を説得する」と引き取った。

クーデターの予定日は十二月五日だったが「容堂公の入京が遅れるから、決行日を延期してほしい」と象二郎が申し入れた。

大久保たちはそれを受け入れ、九日に決行することにした。

倒幕派の復帰

前日の十二月八日、朝議で長州藩主、毛利敬親《もうりたかちか》の罪が赦された。そして官位復旧も決まり、入京も許可された。

また、大宰府に流されていた三条実美らも赦免されることになった。

同時に、岩倉村に蟄居していた岩倉具視も赦免され、五年ぶりに復権した（岩倉は和宮《かずのみや》降嫁に尽力して尊攘派に命を狙われたため、官を辞し、蟄居していた。そこに薩長の志士たちが集まってきた）。

そして午後、岩倉具視は五藩（薩摩、土佐、安芸、尾張、越前）の重臣たちを自邸に招き、翌日のクーデターの手順を綿密に打ちあわせた。大久保利通、後藤象二郎らも参加した。

その席で岩倉が、「徳川を倒す」とこういった。

「明日、聖上（天皇）、王政復興の大策を決行せしめ給う。明九日朝、五藩主、必ず参朝すべし」

じつは土佐の山内容堂が京に入ったのは、この日（八日）だった。

象二郎が、さっそく、これまでのいきさつを容堂に説明し、「今ここで抵抗すると朝敵になる。ここは忍び難きを忍ぶしかない」と説得した。

山内容堂は「薩摩がなんだ、薩摩は許さん」と激怒したが、どうしようもなかった。

岩倉具視の拝謁と王政復古

問題の十二月九日となった。この日は朝から雪。

岩倉具視が復権し、五年ぶりに参朝した。

岩倉は勅書の原文を携えて明治天皇に謁見し、王政復古の大号令を発するよう上奏した。

それと同時に、五藩（薩摩、土佐、安芸、尾張、越前）の兵が出動して御所の各門を占拠し、警備についた。

それまで御所を守っていた会津、桑名の兵は不意をつかれ、抵抗することなく、慶喜のいる二条城に退いた。

前日から怒り狂っていた土佐の山内容堂は、この日も朝から酒びたりだった。

そして夕方、最後に容堂が御所にやって来た。これで五藩主（格）がそろった。

このあと天皇が出御すると、岩倉具視が、天皇の勅命による王政復古の大号令を宣言した。

「自今、摂政、幕府等廃絶、即ち総裁、議定、参与の三職を置かれ、万機、行なはるべし」

小御所会議

三職人事と廃職

しばらくして、三職の人事が発表された。

◇

総裁（一人）　有栖川宮熾仁《ありすがわのみやたるひと》

議定（十人）　仁和寺宮《にんなじのみや》ら五人の公家と五人の藩主（格）

徳川慶勝《よしかつ》（尾張、前々藩主）

松平慶永《よしなが》（越前、前藩主）

浅野茂勲《しげこと》（安芸、藩主）

山内容堂（土佐、前藩主）

島津茂久（薩摩、藩主）

参与（二十人）　岩倉具視ら五人の公家と五藩から各三人の藩士

尾張（荒川甚作《あらかわじんさく》ら）

越前（中根雪江《なかねゆきえ》ら）

安芸（辻将曹ら）

土佐（後藤象二郎、福岡孝弟ら）

薩摩（西郷隆盛、大久保利通ら）

◇

徳永慶喜は政権から排除された。

そして、将軍職、京都守護職、京都所司代は廃職となり、守護職の松平容保（会津藩主）と所司代の松平定敬（桑名藩主）は、それぞれ国元への帰藩を命ぜられた。

これを聞き、二条城に集う幕府兵、会津兵、桑名兵たち（あわせて一万人ほど）は、怒りに燃えた。

三職会議の開催

この夜、新政府の総裁、議定、参与たちがそろい、初の三職会議が開かれた。小御所での御前会議だった。

はじめに土佐の山内容堂が、徳川内府（慶喜）を議定に任命し、朝政に参加させるべきだ、と持論を主張した。

そして、今日のできごとは、年若い天子（十五歳）を思い通りに利用した陰険な策謀である、という意味のことを述べた。

この発言に岩倉具視が激怒した。英明な天子に不敬だ、と怒りをあらわにした。

この点については、容堂も、謝罪するほかなかった。

ところが越前藩（親藩筆頭）の松平慶永が、やはり容堂の意見に賛成し、慶喜を朝議に列すべし、といった。

尾張藩（御三家筆頭）の徳川慶勝も、容堂を支持した。

辞官納地の主張と反発

これに対して岩倉具視は、慶喜が本当に反省しているのなら、官位を辞し（辞官）、領地を朝廷に返納（納地）すべきだ、と主張した。

この辞官（内大臣）、納地（数百万石）を認めるなら、慶喜を朝議に列してもよい、というのだ。

薩摩藩の島津茂久と安芸藩（広島）の浅野茂勲は、岩倉の意見に賛同した。

また大久保利通も、辞官、納地が先だ、と岩倉と同じことをいった。

ここで後藤象二郎が発言した。今日のやり方はおかしい。王政復古は正々堂々とすすめるべきだ。慶喜公だけ排除するのは不当だ、というと、尾張藩、越前藩の重臣たちも象二郎を支持した。

いよいよ議論が白熱化してきたとき、明治天皇が休憩を宣言した。

西郷の剛気に気圧される

西郷隆盛は御所警備の責任者だったため会議には参加していなかったが、このあとどうすればいいか、と意見を求められたとき、

「短刀一本！」

と西郷が叫んだ。

この話を聞いた岩倉が、安芸の浅野を呼び、西郷の言葉を告げた。自分たちは容堂たちと刺し違える覚悟がある、ということだ。

びっくり仰天した浅野があわてて家老の辻をよび、辻がそれを土佐の象二郎に伝えた。

ここに来て後藤象二郎は、これ以上、抵抗しないほうがいい、と主君の容堂を説得した。

御前会議が再開され、慶喜の辞官納地がすんなりと決まった。

慶喜、京から大坂へ

辞官納地の通達と退去

二条城の徳川慶喜に辞官納地を伝達するのは、徳川慶勝（尾張）と松平慶永（越前）、両侯の役目となった。

慶喜とともに二条城にいる松平容保（会津）と松平定敬（桑名）は、いずれも慶勝の弟である。

つぎの日（十二月十日）、尾張、越前の両侯が、さっそく二条城に赴いた。

二条城を守る会津、桑名の兵から、

「薩摩のドレイ！」

などと罵倒されるなかを両侯はすすみ、慶喜に会った。

両侯が辞官納地の朝旨《ちょうし》を伝えると、この問題は会津と桑名の者たがひじょうに憤慨しているので、返事はすこし待ってほしい、と慶喜が答えた。

ところが二日後の十二月十二日、夜、とつぜん、慶喜は松平容保、定敬とともに二条城を出て、大坂にくだって行った。幕府兵、会津兵、桑名兵の大半も大坂をめざした。

サトーの内情日記

翌十三日、大坂についた慶喜の一行に、イギリス公使館のアーネスト・サトーが出会った。そのときの様子をサトーが書いている。

〈あたりが静かになった。騎馬の一隊が近づいて来たのだ。日本人は皆、ひざまずいた。それは慶喜と、その供奉《ぐぶ》の人びとであった。私たちは、この転落の偉人に向かって脱帽した。慶喜は黒い頭巾をかぶり、普通の軍帽をかぶっていた。見たところ、顔はやつれ、物悲しげであった。

徳川の頭首を加えぬこの新政府が、どうしてやってゆけるか、それはだれにも分からなかった。

慶喜は大名たちの仲間に入るか、それとも滅ぼされるか、そのどちらかでなければならぬ〉⑻

そして、徳川慶喜は大坂城に入った。

翌日（十四日）、イギリス公使パークスとフランス公使ロッシュが、大坂城で慶喜に謁見した。

そのときのこともサトーが書いている。当時の日本の内情にずいぶん、通じていたようだ。

〈彼（慶喜）は内大臣の官位を辞して、土地二百万石を明け渡すことを申し出るよう勧告されていたが、この領地は自分の所有物であるという理由から、勧告を無視する決心をしていた。

慶喜はまた、策略によって一杯、食わされたことに立腹していた。

慶喜は、大坂へ落ちてきた理由として、皇居（御所）付近で騒動がおきてはとの懸念と、配下の者たちの激昂をやわらげようとした意図をあげた。

上様（慶喜）は、疲労を覚えたといって、会見を切りあげた。

この五月には態度も立派だったのに、こんなにも変わり果てたかと思うと、同情の念を禁じ得なかった。

眼前の慶喜は、やせ、疲れて、音声も哀調《あいちょう》をおびていた〉

辞官納地問題

永井の憤慨

この日、朝廷では三職会議が開かれ、辞官納地に対する慶喜の返事がないことが問題になった。

その夜、象二郎は岩倉のところに行き、辞官納地をあまり強硬に迫らないほうがいい、と説得した。

「今もし辞官納地の御請けを迫れば、たちまち幕下を激怒せしめ、天下の動乱を起さむ」

だが、岩倉具視は聞く耳をもたなかった。

二日後の十二月十六日、越前藩の中根雪江（参与）が二条城に残っている幕府の永井尚志（若年寄）を訪ねた。

永井は辞官納地のことを憤慨していた。西郷と大久保に対する怒りを中根にぶちまけた。

「かく疎外せられては、如何とも為され方なし。根元は西郷と大久保、二賊の所為なり。二賊を除くの外なし。薩邸に打ち込むべき兵力は十分にあり」

おどろいた中根が主君の春嶽《しゅんがく》（松平慶永）にこれを告げた。

心配した春嶽は象二郎に手紙を書き、なんとか永井をなだめてほしい、と頼んだ。

象二郎の説得と一触即発

つぎの日、後藤象二郎は二条城に行き、永井に会った。

そして、いま、内府（慶喜）の上洛が必要だ。内府が参内して話をすれば、九日の朝議（辞官納地）は一変するかもしれない、といった。

永井はよろこんだ。そして、永井、後藤、中根の三人が、内府参内の段取りを話しあった。

後藤象二郎は幕府軍の暴発を心配していた。そこで、こういって永井を説得したのだ。

「もし激して兵を挙ぐれば、内府は元治の長州（朝敵）とならむ。今日の策、内府参内の外なし。参内だにあらば、朝議を変ずること難しからず」

武力衝突の危険性が高まっていたので、朝廷は十二月十八日、会津・桑名の兵を国元に返すよう命じた。

しかし会津兵たちは帰国せず、逆に一部の者たちは京に向かって進み、伏見《ふしみ》の近くまで来ていた。

そこで朝廷は薩長両藩に対して、京の街だけでなく、伏見の警備もするよう命じた。薩長も兵を出した。

両軍、伏見でにらみあい、一触即発の状態となった。

そのころ、江戸の街も、騒乱、内戦状態にあった。

薩摩藩の江戸挑発と報復

薩摩の西郷隆盛は幕府を挑発して武力討幕を果たそうと考え、部下のひとりを江戸に向かわせた。

その男は江戸で五百人の無頼漢《ぶらいかん》を薩摩藩邸（三田《みた》）に集め、彼らを使って江戸市中で強盗、略奪をくり返させ、江戸の人びとを恐怖におとし入れた。

幕府の御用商人宅におしかけて大金を強奪したり、江戸市中の警備を担当していた庄内藩の詰所に銃弾を打ち込んだりした。

江戸市中だけでなく、関東各地にも騒乱は広がった。

怒りにもえる幕府首脳部は十二月二十五日、ついに薩摩藩邸を包囲し、焼き討ちにした。

このことを大坂城の慶喜に知らせるため、ただちに滝川具挙《たきがわともあき》（大目付）が大坂へ向かった。

そして三日後（二十八日）、滝川は大坂城に入った。

怒りで燃え盛る幕府

江戸で薩摩藩邸がやったことを滝川から聞いた城内の会津、桑名藩の面々は、激昂、憤慨、怒り狂った。

政権からの排除、辞官納地、そしてこの江戸騒乱、城内の将兵たちは薩摩討伐を慶喜に迫り、ついに出陣が決まったのである。

西郷隆盛の謀略にみごと乗せられた形となった。

いっぽう、この日、追放されて太宰府にいた三条実美ら五卿が京に入った。そして三条は議定に就任し、長州藩の井上馨《かおる》と広沢兵助《ひろさわひょうすけ》（真臣《さねおみ》）が参与に任命された。

この日の深夜、幕府の永井尚志が容堂と象二郎のところにやって来た。そして、大坂城では会津、桑名の者どもが怒り狂っており、手がつけられない、といって帰って行った。

鳥羽・伏見の戦い

薩長連合と幕府軍の衝突

年が明け、慶応四年（一八六八）となった。

一月二日、徳川慶喜は薩摩征討の意を表明し、老中、大河内正質《おおこうちまさただ》を総督として、軍を大坂から京へ進めた。

先鋒は「討薩の表」を携える滝川具挙である。

それには、

「奸臣ども（西郷、大久保）、御引き渡し御座候よう御沙汰、下されたく、万一、御採用相成らざるときは、やむを得ず、誅戮《ちゅうりく》を加え申すべく候」とあった。

幕府軍は、江戸からも続々と集結して来ており、会津、桑名の兵と合わせ、一万五千の大軍になっていた。

いっぽう、新政府軍の薩摩、長州兵は、このとき、わずか五千人ほどだった。

一月三日朝、先鋒の滝川が入京しようとしたとき、薩摩の兵がそれを拒んだ。そして、夕方、滝川がふたたび強行突破しようとしたとき、薩摩陣営の砲が火を吹いた。

こうして幕府軍と薩長軍が鳥羽と伏見で戦端を開いた。このとき土佐兵は、容堂の命令でほとんど参加していない。

朝敵「徳川慶喜」

夜、幕府軍の本陣、伏見奉行所が焼き打ちにあい、猛火につつまれた。勝負は、この一夜で決まった。

薩長軍は人数はすくなかったが、ミニエー銃、スペンサー銃などすぐれた近代兵器を多く使用し、旧式銃の幕府軍を圧倒した。

翌四日、仁和寺宮（議定）が政府軍の軍事総裁となり、錦の御旗（菊の紋）をかかげて行進した。そして、東寺《とうじ》に本陣をおいた。

仁和寺宮は、ここで徳川征討の軍令を発した。徳川慶喜が朝敵・賊となったのである。

ひるがえった錦の御旗を見て、政府軍の士気はおおいにあがった。そして、皆、唱《うた》いだした。

「宮さん、宮さん、御馬の前でひらひらするのは何じゃいな。トコトンヤレ、トンヤレナ。

あれは朝敵、征伐せよとの錦の御旗じゃないかいな。トコトンヤレ、トンヤレナ」

相次ぐ裏切りと慶喜の離脱

夕方（四日）、幕府軍は淀城《よどじょう》の近くまで退却した。幕府軍はこの淀城を拠点にしようとしたが、淀藩（譜代）は幕府軍の入城を拒否した。負けた側には与《くみ》しない、ということだ。

一月六日、幕府軍は、さらに八幡、橋本まで退いた。そのとき、なんと、近くの津藩（譜代）が銃弾をあびせてきた。淀藩に次いで、味方のはずが、またしても敵に寝返ったのだ。

幕府軍の敗北は決定的となり、それぞれ大坂をめざして敗走して行った。様子見をしていた諸大名、諸藩は、なだれを打って政府軍に参加するようになった。

じつは、この夜（六日）、徳川慶喜は会津侯、桑名侯らごくわずかな人たちを連れ、大坂城をこっそりぬけ出した。

幕府の家臣、将兵たちがこのことを知ったのは、夜が明けてからだった。皆あっけに取られ、怒った。

慶喜たちは、幕府の軍艦、開陽丸（三千トン）に乗りこみ、江戸へ逃げたのだ。総大将がいなくなり、幕府軍は散り散りになった。

つぎの日（一月七日）、朝廷は慶喜追討の大号令を発した。

「慶喜、反状明白、始終、朝廷を欺き奉り候段、大逆無道。最早、朝廷において御宥恕の道も絶へ果て、追討、仰せつけられ候」

それから三日後、朝廷は慶喜の官位を剥奪し、徳川領を政府の直轄領とする布告を発した。辞官納地問題は解決した。

東征軍の進軍

その翌日（一月十一日）、朝廷は諸大名、諸藩に対し、兵士を引き連れて上洛するよう命じた。

それから一ヵ月後（二月九日）、有栖川宮熾仁親王（総裁）が東征大総督に任命された。

参謀はふたりの公卿《くぎょう》のほか、西郷隆盛と林通顕《はやしみちあき》、従って西郷と林が総督府の実権をにぎることになった。

五万の東征軍が東海道、東山道（中山道）、北陸道の三道から、江戸へ向かって進軍を開始した。薩摩、長州、土佐の兵が主力だが、肥前（佐賀）兵も東征軍に加わった。

江戸城、開城

主戦派と恭順派

ところで、江戸へ逃げた徳川慶喜は、その後どうなったか。

一月十二日、慶喜一行は無事、江戸についた。慶喜にとって、江戸は四年ぶりだった。

徳川慶喜は昼近く、将軍になってはじめて江戸城に入った（つまり慶喜は将軍として、江戸城にいたことはなかった）。

江戸城では、主戦派と恭順派がするどく対立した。

戦うべきだと主張する主戦派の代表は、勘定奉行の小栗上野介《おぐりこうずけのすけ》（忠順《ただまさ》）。

いっぽう、恭順派の代表は、軍艦奉行の勝海舟。勝は、慶喜に対して、ひたすら恭順の姿勢を見せるほかない、と進言した。

慶喜は恭順、謹慎することを決断し、小栗を罷免した。

そして一ヵ月後（二月十二日）、慶喜は事後処理を勝たちに任せ、上野・寛永寺《かんえいじ》（将軍家の菩提寺）の大慈院にうつり、恭順の態度を示した。

その直後、会津藩主、松平容保は江戸を発ち、会津へ向かった。

いっぽう、桑名藩の首脳部は早々に恭順の意を表明し、桑名城は政府軍に接収された。

そこで藩主、松平定敬は国元の桑名に帰れず、横浜から外国船で越後の柏崎《かしわざき》（桑名藩の分領）に向かった。

ところで政府の東征軍は三月五日、駿府城にはいった。そして、江戸城総攻撃を三月十五日と決めた。

勝と西郷の和平会議

四日後の三月九日、勝海舟《かつかいしゅう》の意をくんだ山岡鉄舟《やまおかてっしゅう》が駿府にやって来て、西郷隆盛と会った。

そのときの西郷の要求は、

◇

一、慶喜を備前（岡山）藩に預ける。
一、江戸城を明け渡す。
一、軍艦、兵器をすべて引き渡す。

◇

だった。

三月十三日、西郷隆盛が江戸につき、薩摩藩邸（高輪《たかなわ》）に入ると、さっそく勝海舟が訪ねてきた。

西郷は勝に対し、山岡鉄舟にいった三条件と同じことをいった。勝は、自分の意見をいわなかった。

翌十四日、勝は「嘆願書」を携えてふたたびやって来た。攻撃予定の前日だ。

そして勝は、慶喜を備前藩ではなく、実家の水戸藩お預けにしてほしい、と嘆願した。あとの二条件は、やむを得ないということだ。

これに対して西郷は、政府で相談して返事する、さしあたり、明日の総攻撃は延期する、といって京へ帰って行った。

水戸への退去と榎本艦隊

朝廷で三職会議が開かれ、徳川慶喜は水戸藩に預ける、と決定した。

そして四月四日、政府の勅使が江戸城に入り、政府の決定（慶喜の水戸預け）を伝えた。

そして四月十一日、江戸城は無血で政府軍にひき渡されたのである。

なお、この日、徳川慶喜は上野の寛永寺を出て、ふるさとの水戸へ向かった。二ヵ月間の寛永寺滞在だった。

ところが、この江戸城ひき渡しの前夜、多くの幕府軍将兵たちが江戸城から武器を持ち出し、脱走した。

また、海軍副総裁の榎本武揚《えのもとたけあき》は軍艦八艦を率いて江戸湾を脱走、館山へ向かった。おどろいた勝海舟が、軍艦ひきもどしのため、急いで館山に出向いた。榎本らは勝の説得に応じ、まもなく品川沖にもどった。そして交渉の結果、四艦を政府側にひき渡すことを承諾した。もちろん、優秀艦の「開陽」、「回天」、「蟠龍《ばんりゅう》」などは渡さず、手元においた。

慶喜、水戸から駿府へ

彰義隊壊滅と徳川処分

五月十五日、上野の寛永寺を拠点に抵抗していた彰義隊は、三方から包囲されて猛攻をうけ、半日で壊滅した。

この上野・彰義隊戦争のあと、維新政府は、徳川宗家を相続した田安家（御三卿《ごさんきょう》）の田安亀之助《たやすかめのすけ》を駿河七十万石に封じる、と通告した。徳川処分である。

それまで徳川家に仕えてきた旗本、御家人などの徳川家臣団（三万人）のうち、三分の一は、無給を承知で駿河（静岡）に移住した。

そのほかは、新政府に仕えたり、農業、商業に従事することになった。商業は、汁粉屋、団子屋、古道具屋などが多かったという。

慶喜の駿河移転

ところで、徳川慶喜は、水戸での居心地がよくなかったのか、駿府に移りたいと希望し、認められた。

そして七月十九日、慶喜は幕艦「蟠竜」で銚子《ちょうし》を発ち、駿河に向かった。水戸滞在は三ヵ月だった。

その後、二十三日、慶喜は駿府の宝台院に入り、ここで謹慎生活をつづけることになった。

徳川宗家の当主、徳川家達《いえさと》（田安亀之助）が駿府城に入ったのは、その後、八月十五日だった。

徳川慶喜を駿河に送りとどけた榎本武揚は、一ヵ月後の八月十九日、夜、艦隊を率いて江戸湾を去り、北へ向かった。

ところが、出港後すぐ、銚子沖でつよい台風に遭遇した。マストは折れ、艦は流され、艦隊はばらばらになった。
数日後、なんとか「開陽」、「回天」、「蟠竜」が仙台港にたどり着いた。

◇

奥羽列藩同盟の結成

ところで江戸を発った会津藩主、松平容保は、二月末、やっと会津に帰りついた。
容保はさっそく軍制の改革を断行し、年令別の部隊を編成した。

白虎隊　十六、七歳
朱雀隊　十八歳以上
青竜隊　三十六歳以上
玄武隊　五十歳以上

◇

会津以外の東北諸藩は、仙台藩、米沢藩を中心にたびたび会合をもち、新政府に対してどういう態度をとるか、話しあった。

そして五月の初め、奥羽列藩同盟が成立した。やがて長岡藩なども加わり、奥羽越列藩同盟となった。

そして、この奥羽越列藩同盟は、朝敵の会津藩とともに、政府軍と戦うことを誓いあった。

いっぽう、桑名藩主の松平定敬は四月の初め、越後の柏崎についた。そして、ただちに政府軍と戦う態勢をとった。

会津、五稜郭戦争

白虎隊の悲劇

八月にはいると、政府軍の攻撃がはげしくなった。松平容保が、白虎隊に出撃を命じた。

とつぜんの命令に、白虎隊は食べ物ももたず、雨のなかを戦場に向かった。

そして八月二十二日、戸ノ口原《とのぐちはら》の激戦に参加したが、会津藩は敗れた。

白虎隊は敗走し、一晩中、山道を歩き、翌朝、飯盛山のふもとに出た。そこから城下町を見おろすと、赤い炎と黒い煙につつまれ、鶴ヶ城（会津若松城）も落城したように見えた。

絶望した白虎二番、士中隊《しちゅう》（上級武士）の二十人は自刃を決意し、割腹、ノド突き、刺し違え、次つぎと絶命して果てた。

ただひとり、飯沼貞吉《いいぬまさだきち》だけが生き返った。

亡くなった十九人の死体は、しばらく放置されていたが、その後、飯盛山に埋葬された。

政府軍は、会津若松城に殺到した。

諸藩の降伏と箱館上陸

九月にはいると、米沢藩、仙台藩が次々と降伏し、九月二十二日、籠城一ヵ月の会津藩も、ついに降伏した。

松平容保は死一等を減じられ、のち東照宮司となった。

ただ、新しい領土の下北半島に移住した会津藩士たちは、その後、悲惨な生活を送ることになった。

いっぽう、桑名藩主の松平定敬は、会津へ米沢へと逃げつづけ、さらに、榎本艦隊とともに箱館へ逃げた。

その榎本艦隊は、東北戦争の敗残兵たちを乗せ、十月十三日、仙台港を出港した。松平定敬のほか、板倉勝静（老中）、大鳥圭介《おおとりけいすけ》（歩兵奉行並）、土方歳三《ひじかたとしぞう》（新選組）なども乗船していた。総勢二千五百人を超えていた。

十月二十日、榎本艦隊は箱館の近くに上陸し、五稜郭の政府軍と戦った。

榎本政権樹立

そして十一月一日、艦隊が箱館湾に入港し、榎本たちは五稜郭に入城した。五稜郭というのは、四年前、幕府が作った五角形の洋式城郭である。

その後、部隊をひきいた土方歳三は、福山城（松前）を落城させ、さらに江差《えさし》を制圧した。

ただ、このとき、応援のため江差に来ていた軍艦「開陽」が、江差港で座礁し、沈没してしまった。

榎本政権は、士官たちの投票で首脳部の人事を決めた。その結果、

総裁　　　　榎本武揚
副総裁　　　松平太郎
海軍奉行　　荒井郁之助《あらいいくのすけ》
陸軍奉行　　大鳥圭介
陸軍奉行並　土方歳三

となった。

五稜郭の敗北と戦争終結

ところが十二月末、欧米列強が局外中立を撤回したため、榎本軍は、外国から武器を購入できなくなった。

翌明治二年（一八六九）三月、五稜郭の榎本軍討伐のため、政府軍艦四艦が宮古湾にはいった。

これを見て、榎本が三艦を宮古湾に向かわせた。

だが、三月二十五日の宮古湾海戦で榎本艦隊は敗北した。

そして四月九日、政府軍がエゾの乙部《おとべ》(江差の近く)に上陸し、江差、松前を制圧した。

その後、五月十一日、政府軍は箱館を占領した。そして十八日、榎本たちはついに降伏し、五稜郭を明け渡した。

こうして一年半におよぶ政府軍と幕府軍の戊辰戦争は、幕府軍の敗北で終った。

榎本武揚はいったん投獄されたが、その後、赦免され、駐ロシア公使となり、さらに逓信《ていしん》相、外相などをつとめ、東京農大を創設した。

第四章

象二郎、下野

岩倉具視肖像写真（福井市立郷土歴史博物館蔵）

イカロス号事件の結末

頻発する外国人襲撃事件

土佐の後藤象二郎は、東征軍には参加せず、政府の外交問題を担当した。慶応四年（一八六八）一月九日、後藤象二郎は外国事務掛に任命された。

維新政府の最大の外交課題は、列強諸国から、正当な政府として認知してもらうことだった。

ところが、この直後、日本人による外国人殺傷事件がたてつづけにおきた。神戸事件、堺事件、パークス襲撃事件である。象二郎たちは、対応に追われた。

サトー、竜馬らの調査

ところで維新前、長崎でおきたイギリス兵殺害事件（イカロス号事件）は、その後、どうなったのか。

長崎奉行やイギリス側は土佐藩の海援隊を疑い、土佐側は、断固、否定していた。

土佐での談判も結論が出ず、イギリス公使館のアーネスト・サトー、幕府の平山敬忠（外国奉行）、土佐藩の佐々木三四郎（大目付）、海援隊長の坂本竜馬たちが調査のため、土佐から長崎にやって来た。

その間、長崎では、奉行所が取り調べをすすめていた。

その結果、土佐藩船「横笛」から犯人を移し変えたと思われたもう一隻の船には、外国人の乗組員がいたことが分かった。

そして、彼らから話を聞いた結果、犯人の移し変えはなかったことが判明した。

こうして、土佐藩（海援隊）に対する嫌疑は晴れた。

このあと、イギリス公使パークスは山内容堂に手紙を書き、土佐藩に嫌疑をかけたことをわびた。

では、イカロス号事件の犯人はだれか。

パークスの督促

事件から十ヵ月経っても犯人は捕まらない。

業をにやしたパークスは、五月（慶応四年）、新政府の外国事務総督、山階宮《やましなのみや》にあてて、犯人逮捕の督促文をおくった。

この文の最後でパークスは「もし犯人を逮捕できたら、日本国は汚名をそそぎ、ミカド政府の権威と信義は確実に高まるだろう」と書いた。

パークスの督促文から三ヵ月後の八月、新政府は大隈重信を長崎に派遣した。

ところが、その直後、長崎の新聞に、

「暗殺人は筑前（福岡）の人にして、すでに切腹せり」

との記事が出た。

それから一ヵ月後、隠しきれないと思ったのか、福岡藩主から、

「福岡藩士、金子才吉《かねこさいきち》、狂して英国軍艦イカロスの水夫ふたりを殺し、そのあと自殺つかまつり候」

との届け出があった。

犯人、金子才吉の死

金子才吉は頭がよく、教養ゆたかな人物で、長崎の海軍伝習所では、航海測量術などを学んでいた。

事件当夜は、泥酔して道路に寝ている外国人を見て、怒りのあまり、発作的に斬り

つけたものらしい。

金子才吉は事件の二日後、長崎の水之浦《みずのうら》で、切腹して果てた。四十一歳だった。

福岡藩はこれを隠し、遺体を船で福岡に運び、こっそり葬儀をすませていた。

神戸事件と堺事件

無礼な横切り「神戸事件」

新政府発足後も、日本人による外国人殺傷事件が相ついだ。

慶応四年（一八六八）一月十一日、開港直後の神戸の町を行進していた備前（岡山）藩の家老日置忠尚《へきただひさ》の行列の前を外国兵たちが横切った。

怒った備前兵たちが彼らに襲いかかり、フランス兵ふたり、アメリカ兵ひとりが負傷した。負傷しながら逃げた。

その直後、アメリカ、フランス、イギリスの兵士たちが上陸して備前兵に襲いかかろうとしたが、備前兵たちは逃げた。

王政復古の通告と事件処分

いっぽう、諸外国の承認をいそぐ維新政府は、一月十五日、参与の東久世通禧《ひがしくぜみちとみ》や後藤象二郎を大坂に派遣、諸外国の公使に王政復古を通告した。

「日本国天皇、各国帝王、およびその臣人に告ぐ。将軍、徳川慶喜の請願により、政権返上の許可を与えた。今後、天皇が内外の政事を親裁する。よって従前、条約締結の際に用いられた大君の名称は、今後、天皇の称号に変わることになる」

諸外国の代表たちは、自国の政府に報告する、と答えた。

ところが、この翌日、諸外国の公使たちは「神戸事件」の件で東久世に文書を提出し、政府の謝罪と責任者の処刑を要求した。

数日後、東久世は諸外国の代表に覚書をおくり、神戸事件のことを謝罪し、責任者を処刑する、と答えた。

滝善三郎の切腹

そして事件から一ヵ月後（二月九日）、備前藩の隊長、滝善三郎《たきぜんざぶろう》が神戸の永福寺で切腹した。三十二歳だった。

その場に立ち合ったイギリス公使館のアーネスト・サトーが、そのときのことを、書いている。

「滝はヘソの下まで裸となった。それから短刀の切先近くを右手に握り、胸と腹の上をなでてから、深く突き刺して、右のわき腹までぐいっと引いた。

これをやり終わると、彼は上体を前へかがめた。

介錯人は、切腹がはじまった瞬間から抜刀を宙に振り上げてうずくまっていたが、今や急に立ちあがって、一撃を加えた。

首はタタミの上に落ち、血がどっと流れ出し、血のたまりを作った」

ところが、滝の切腹からわずか六日後、神戸事件以上の大事件がおきた。堺事件だ。

堺事件によるフランスの激怒

二月十五日の夕方、堺の町に上陸したフランス兵が町で暴れている、との情報が土佐隊にはいった。当時、堺の町を警備していたのは土佐隊だった。

土佐隊がかけつけて訊問していると、とつぜん、フランス兵たちが逃げ出し、ボートに乗って沖へ出ようとした。

それを見た土佐隊長が発砲を命じ、フランス兵十一人が死亡する大惨事となった。

激怒したフランス公使レオン・ロッシュが、日本政府に要望書を突きつけた。

◇

一、指揮した士官と、手を下した兵士を残らず眼前で刑に処すべし。

二、土佐侯は十五万ドルを支払うべし。

三、朝廷の外国事務の責任者はフランス艦に来て、謝すべし。

四、土佐藩主はフランス艦に来て、謝すべし。

五、土佐人は、開港場に滞留することを厳禁すべし。

◇

協議の結果、処刑者は二十人と決まった。

フランス人立ち会いの処刑

そして、事件からわずか八日後（二月二十三日）、土佐藩の兵士二十人はカゴに乗せられ、堺の妙国寺《みょうこくじ》に運ばれた。

そして事件がおきたときと同じ時刻、公卿や役人、さらにフランス人たちが列席する中、切腹と介錯がくり返された。

しかし、列席のフランス人たちは、しだいに耐えられなくなって来た。

そして、フランス兵の死者とおなじ十一人の切腹がおわったとき「もうやめてくれ」といい、残り九人の処刑の中止を申し出た。

その後、九人は国元（土佐）に送り還された。

パークス襲撃事件

護衛されながらの参朝

十一人の切腹からわずか七日後、またしても関西地区で大事件がおきた。パークス襲撃事件である。

二月三十日（大陰暦）、イギリス、フランス、オランダの三公使が、後藤象二郎らの尽力で参朝することになった。

昼すぎ、フランス公使（ロッシュ）が宿舎の相国寺を出て、薩摩藩兵に護衛されながら、無事、御所についた。

オランダ公使も、南禅寺《なんぜんじ》から加賀藩兵に護られ、何ごともなく、御所についた。

おなじころ、イギリス公使（パークス）も知恩院《ちおんいん》を出た。肥前藩兵に護られながら、御所へ向かって進んでいた。

イギリス人の騎兵二十数人も護衛していた。象二郎は、パークスのすぐ横に馬を並べていた。

パークス襲撃、象二郎の撃退

四条畷《しじょうなわて》まで来たとき、いきなりふたりの暴漢がとび出してきて、行列の中に斬りこんだ。イギリス兵、数人が重傷を負った。

それを見た象二郎がとっさに馬を降り、ふたりのうちのひとり、朱雀操《すざくみさお》を斬り倒した。朱雀は、その場で首をはねられた。

もうひとりの三枝蓊《さえぐさしげる》はまもなく捕えられ、四日後に斬首された。

そのときのことを、アーネスト・サトーが書いている。

「往来の向こう側からふたりの男がおどり出し、抜刀を振りかぶりながら、人馬目がけて襲いかかった。

そして、走りながら、狂気のように斬りまくった。

その男が背中を向けたとき、後藤が肩に一太刀あびせたので、そのまま地上にぶっ倒れた」

パークスはショックのあまり、参内を取りやめ、その場から知恩院にひき返した。

パークスの激怒、象二郎の表彰

御所ではイギリス公使、欠席のまま、フランス公使とオランダ公使の謁見式がおこなわれた。

後藤象二郎はただちに知恩院に行き、事件のことをパークスにわびた。

パークスは怒っていた「薩長や新政府に好意をもっている自分がなぜ襲われるのか。こんなことがあれば、日本とは友好国になれない」などといい、怒りをあらわにした。

これに対して象二郎は「こんどの出来事については天皇陛下も深く憂慮しておられる。改めて天皇陛下に謁見してほしい」と要請した。

ハリー・パークスもそれを受け入れ、三日後の三月三日、宮中に参内して謁見をおえた。

それから半年後、イギリスのビクトリア女王から後藤象二郎に金の剣一振りが贈られた。パークスが感謝状を添えていた。

〈私が暴漢に襲われた際、貴方の挙動の胆力と勇気は賛嘆すべきものがあり、わが政府は長くこれを記憶すべく、貴方に一振りの剣を贈る。

いま、女王陛下より、その品を貴方に伝達せよとの命をうけたことは、私の喜びとするところである〉（7）

後藤象二郎は、パークスに礼状を書いた。

象二郎、参議

江戸遷都の詔勅

後藤象二郎の外国事務掛の仕事は半年ほどでおわり、七月（慶応四年）には、初代・大阪府知事となった。

そのころ、江戸遷都の詔《みことのり》が出された。天皇が江戸にうつり、名称を「東京」に変える、という。

「江戸は東国第一の大鎮。宜しく親臨して、以て其政を視るべし。因て自今、江戸を称して東京とせむ」

この江戸遷都をつよく主張していたのが後藤象二郎だった。

九月八日には、元号の慶応を明治と改元し、一世一元の制がスタートした。

そして九月二十二日、明治天皇が京都を出発して東京に行幸した。徳川将軍の江戸城が、天皇の新しい皇居となった。

官製改革、象二郎の参議就任

翌明治二年三月、後藤象二郎は大阪府知事を辞めて東京にうつり、政府の民政取調《とりしらべ》掛《がかり》となった。

この年七月、官制改革が施行され、古代律令制の二官八省が復活した。それまでの総裁・議定・参与が廃止され、左右大臣、大納言、参議が復活したのである。

また立法機関として、正院、左院、右院、元老院が置かれることになった。二年後の明治四年（一八七一）六月、後藤象二郎は工部省の大輔《たいふ》（次官）に任命された。

工部省は鉱山、製鉄、造船など、官営工場の設立をすすめていた。

また、この年の九月、後藤象二郎は左院の議長に就任した。副議長は江藤新平《えとうしんぺい》だった。

そして二年後の明治六年四月、後藤象二郎は江藤新平、大木喬任《おおきたかとう》とともに参議に任命された。

当時、政治の実権をにぎっていたのは、正院（政府）の参議たち（七人）だった。

この直後、アメリカ、ヨーロッパをまわって来た岩倉使節団のメンバーが、次つぎと帰国した（五月大久保、七月木戸、九月岩倉）。

このとき、西郷留守内閣は、「征韓論」問題でゆれていた。

岩倉使節団

強硬姿勢の朝鮮政府

日本が開国して欧米と通商を開始すると、鎖国主義の朝鮮政府（大院君《テウォングン》）は、日本をきびしく非難し、日本との外交、通商関係を拒絶するようになった。

維新後も、国交、通商をもとめる日本政府の国書のうけとりを拒否した。

明治元年（一八六八）十二月、政府から朝鮮外交を委任された対馬藩の使者が釜山に渡り、

「我が皇上、登極し、万機を親裁す。大いに隣好を修めんと欲す」

との文書を渡そうとしたとき、朝鮮政府は受けとりを拒否したのだ。

日本国内では、無礼だ、と怒りの声が出てきた。

いっぽう、鎖国主義の朝鮮政府は、開国した日本を、口をきわめて非難し、ののしった。

この問題が日本の大政変に発展するのは、岩倉使節団が帰国したあとである。

条約改正を目的とした使節団

岩倉使節団がアメリカ号で横浜を出港したのは、明治四年（一八七一）十一月十二日だった。

全権大使が岩倉具視（右大臣）、副使が木戸《きど》孝允《たかよし》（参議）、大久保利通（大蔵卿）、伊藤博文（工部大輔）、山口尚芳《やまぐちますか》（外務少輔《しょうふ》）の四人。

目的は、西洋文明の視察と友好親善の促進である。将来の条約改正のためだ。

十二月のはじめ、一行はサンフランシスコに入港した。

そして、アメリカ大陸を横断し、翌年一月、ワシントンについた。

当時アメリカ駐在の日本代表（代理公使）は森有礼《もりありのり》だった。かつての薩摩藩留学生のひとりである。

森は使節団に、アメリカ政府と条約改正の交渉をすべきだ、と主張した。

ところが、使節団にはその権限がなかった。そこで委任状の交付をもとめて、大久保と伊藤がいったん日本に帰ることになった。

しかし、日本政府の対応は冷たかった。

政府は、大久保、伊藤が帰国して二ヵ月ほど経って、やっと条約交渉の委任状をふたりに渡した。しかし、条約に調印する権限は認めなかった。

その上、政府は寺島宗則《てらじまむねのり》（外務大輔）を監視役として、アメリカに派遣した。

六月、大久保と伊藤はアメリカにもどったが、アメリカ政府の対応も冷たく、交渉は進展しなかった。

維新政府の実力者、大久保利通は自信をなくし、挫折した。

その後、一行はヨーロッパに渡った。

公館設置、朝鮮の反発

そのころ、日本と朝鮮国との間に緊張がはしった。

明治五年（一八七二）九月、それまで対馬藩が使用していた釜山の倭館を、日本政府が日本国（外務省）の公館としたのだ。

朝鮮国は、当然、つよく反発した。

その後、公館に駐在していた外務省の広津弘信が、外務省にあてて、つぎのように報告した。

◇

〈朝鮮側は公館前に掲示を出したが、そこには、

「日本は西洋の制度や風俗を真似て恥じない。近ごろの日本人の所為を見ると、日本は無法の国というべきである」

などと書いてある〉⑭

◇

多くの難問に直面していた太政大臣の三条実美は、外遊中の大久保と木戸に対し、

ただちに帰国するよう命じた。

西郷派遣問題

朝鮮問題での対立

明治六年(一八七三)五月二十六日、まず大久保利通が横浜に帰りついた。

しかし、帰国後の大久保に出番はなく、大久保は関西に行き、有馬温泉などで保養していた。

木戸孝允は、不仲の大久保といっしょに帰ることをせず、しばらくヨーロッパ各地をまわり、七月二十三日に帰着した。

そして、のこりの岩倉具視たちは、九月十三日、横浜についた。

朝鮮問題で開かれた留守内閣の閣議で、板垣退助と西郷隆盛の意見が対立した。

板垣は、居留民保護のため、軍隊を派遣すべきだ、と主張した。

これに対して西郷は、軍隊の派遣はよくない。使節を派遣し、道理をもって説得すべきだ、と述べた。

このとき三条実美が、使節を派遣するにしても、軍艦で行くべきだろうというと、西郷が、いや礼装で丸腰で行くべきだ、自分がその任に当たりたい、といった。

西郷隆盛は、交渉、談判には自信があった。しかし、結論は保留となった。

遣韓論と岩倉の帰国

八月十七日、二回目の閣議が開かれた(大久保、木戸は欠席、岩倉は帰国前)。

この閣議で、全権大使として西郷隆盛が朝鮮に派遣されることが決まった。「征韓」ではなく、「遣韓」だった。

そして、三条実美がこのことを天皇に上奏し、天皇も了承した。ただ、岩倉が帰国してから、もう一度、奏聞せよ、と天皇がつけ加えた。

そして九月十三日、岩倉具視が帰国した。

岩倉はさっそく三条を訪問し、山積する諸問題について話しあった。

そして、大久保と木戸を政府に引っぱり出そうと考えた。

それからまもなく、大久保が東京に帰ってきた。

いっぽう、西郷隆盛も三条実美に会い、早く閣議を開くよう求めた。

だが、三条と岩倉の本心は、西郷の朝鮮派遣を延期することだった。

大久保利通の参議就任

十月にはいると、三条と岩倉は何回も大久保をよび、参議に就任するよう要請した。

意欲をなくしていた大久保は、あまり乗り気ではなかったが、最後は引きうけた。

そして大久保利通と副島《そえじま》種臣《たねおみ》のふたりが、新たに参議に就任した。

これで政府（正院）の参議は、西郷、木戸、板垣、大隈、後藤、大木、江藤、大久保、副島の九人となった。

「征韓論」政変

西郷の朝鮮派遣決定

その翌日（十月十四日）、改めて閣議が開かれた。

三条（太政大臣）、岩倉（右大臣）のほか、八人の参議が出席した（木戸は病欠）。

西郷が、朝鮮への使節派遣は急務だ、というと、大久保が、使節の派遣は戦争に結びつくので、派遣は延期すべきだ、と主張した。

結局、西郷、板垣、後藤、副島、江藤の五人が派遣を支持し、岩倉、大久保、大隈、大木の四人は延期論を主張した。

この日の閣議も結論が出ず、翌日に持ちこしとなった。

翌十五日、ふたたび閣議が開かれた。

西郷は怒って出席しなかった。大久保は、この日も延期論を主張したが、使節派遣の意見がつよく、西郷の派遣が正式決定となった。

ところが、大久保利通は黙っていなかった。

大久保憤激、三条の病臥

二日後、大久保は三条邸にのりこみ、怒りをぶちまけた。そして、参議辞任を申し出た。頼まれて派遣延期を主張したのに、すんなりと認めてしまったからだ。

大久保は岩倉にも手紙をおくり、きびしい言葉で非難した。そこで岩倉も、三条に辞意を表明した。

大久保の剣幕にショックをうけた三条実美は、西郷に会い、天皇への上奏をあと一日、待ってほしい、と頼んだ。

その夜、三条は岩倉を訪ね、協力してほしい、と哀願した。どうしていいのか、分からなくなったのだ。

翌日（十八日）、三条実美がとつぜん、倒れ、太政大臣の職務を遂行できなくなった。

岩倉と大久保による政局奪取

そこで岩倉具視、大久保利通、伊藤博文の三人が何回も会い、謀議を重ねた。

岩倉を太政大臣代理に任命してもらい、天皇に上奏するさい、岩倉が自分の意見を上奏するということになった。

こうして岩倉と大久保は、使節派遣の閣議決定を覆し、政局の主導権を奪い取ろうとしたのである。権力闘争だった。

予定通り、天皇は岩倉に太政大臣代理を命じた。

その二日後（十月二十二日）、派遣派の参議たちが岩倉邸を訪れ、閣議決定をはやく天皇に上奏するよう求めた。

ところが、岩倉は強気だった。自分は三条とは別人だ、自分の信念を貫く、閣議決定には拘束されない、と言い放ったのだ。

「予は三条太政大臣とは意見を異にす。予に代りたる上は、太政大臣の職権を以て、前議を取り消す」

参議たちは激怒した。そして、

「われわれは最早、閣下の下に立つ能はず」

といって、岩倉邸を退出した。

翌日、岩倉は天皇に上奏するさい、

「今とみに使節を発するは、臣その不可を信ず」

と、使節派遣を裁可しないよう進言した。

天皇は、岩倉の望むとおりにした。

征韓派の敗退、下野

この日、西郷隆盛は辞表を提出し、姿を消した。

つぎの日、板垣、後藤、江藤、副島の四人も辞表を提出して参議を辞任し、下野した。

こうして、使節の派遣は無期延期となったのである。

いっぽう、大久保利通は初代内務卿となり、大隈重信（大蔵卿）、伊藤博文（工部卿）らを従えて、絶大な権力を確立することになった。

五参議、下野

愛国公党の結成と佐賀の乱

下野した西郷隆盛は、ただちに鹿児島に帰って行った。

のこりの板垣、後藤、江藤、副島たちは、年が明けると、すぐ（一月十二日）、東京で愛国公党を結成し「民選議院設立建白書」に署名した。

署名した翌日、江藤新平は佐賀の不平士族を鎮撫するため、いそいで佐賀に帰った。

その江藤を、象二郎が横浜に見送った。

そして一ヵ月後、江藤新平を首領とする佐賀の乱が勃発し、江藤は土佐で捕えられて裁判にかけられ、処刑された。日本で最後のさらし首となった。

民選議院設立建白書

板垣、後藤らが「民選議院設立建白書」を左院に提出したのは一月十七日だった。かつて後藤、江藤が正副議長をしていたところだ。

署名したのは、板垣退助、後藤象二郎、副島種臣、江藤新平のほか、由利公正、小《こ》室《むろ》信夫《しのぶ》、古沢滋《ふるさわしげる》、岡本健三郎の八人だった。

「臣等、伏して方今、政権の帰す所を察するに、上、帝室に非ず。下、人民に非ず。而して独り、有司に帰す。

臣等、愛国の情、自ら已むこと能わず。すなはち之を振求するの道を講救するに、唯、天下の公議を張るに在り。

天下の公議を張るは、民選議院を立つるに在るのみ」

こうして国会開設運動、自由民権運動の口火が切られたのである。

だが、大久保政権は、これを無視した。

象二郎の会社経営と低迷

三月になると、板垣退助は土佐に帰り、立志社を設立した。そのため、愛国公党は解散となった。

後藤象二郎はこのあと、実業界に身をおくことになった。

象二郎は鴻池家《こうのいけ》と協力して蓬莱社《ほうらいしゃ》という商社を設立した。そして、数隻の蒸気船で各地の物品を運送する事業をはじめた。

象二郎に経営の才能がないことを見抜いていた岩崎弥太郎が、やめたほうがいい、と忠告した。

「先生は政府の参議が適任なり。商法などに手を出されぬが可なり」

蓬莱社は、ヨーロッパ式の近代的な製糖工場、製紙工場を大阪に建設したが、経営がうまくいかず、ジャーディン・マセソン商会から莫大な融資を受けることになった。

そして九月、後藤象二郎は、高島炭坑の払い下げを政府に申請した（トーマス・グラバーが開発した長崎の高島炭坑は、このとき政府の官営になっていた）。

政府は、下野した象二郎を邪険に扱うわけにもいかず、五十万円で払い下げることにした。二十万円を即納、残りは七年賦払《ぶばら》いとなった。

ところが、象二郎はその二十万円が払えない。あわてて、ジャーディン・マセソン商会から借り入れ、やっと即納した。

しかし、高島炭坑に対する、ジャーディン・マセソン商会の管理権、支配権は当然、つよくなった。

第五章

弥太郎の海運事業

弥太郎が採炭した高島炭礦・北渓井坑（長崎文献社蔵）

弥太郎、大阪へ

佐々木と弥太郎の対立

ところで慶応三年（一八六七）六月、長崎で土佐商会の主任に任命された岩崎弥太郎は、その後どうなったのか。

任命された二ヵ月後（八月）、土佐から上役（大目付）の佐々木三四郎が長崎にやって来た。イカロス号事件の調査のためだ。

土佐商会では、その佐々木と弥太郎の対立がやがて深刻な問題となった。

佐々木三四郎は、幕府との戦いにそなえ、武器、弾薬を大量に購入するよう、つよく主張した。

これに対して弥太郎は、土佐商会の財政のことを考えるとどうしても受け入れる訳にはいかなかった。

この年の土佐商会は、武器や蒸気船の購入代金が莫大な金額となり、弥太郎は支払いに頭をいためていた。

そのため、海援隊員への給与の支給もとどこおっており、弥太郎は、海援隊員たちから非難され、不満をもたれていた。

佐々木との対立に悩んだ岩崎弥太郎は、京の後藤象二郎に相談するため、十月十八日、長崎を発った。京についたのは二十五日である。

象二郎への相談と留任

象二郎は大政返上運動がうまくいったため、上機嫌だった。この日から四日間、象二郎と弥太郎は連日、京の街で料亭にかよった。

佐々木三四郎と岩崎弥太郎の対立問題では、象二郎は、弥太郎を支持した。佐々木から解任されそうだった弥太郎に対して、佐々木より上役（参政）の後藤象二郎が留任を命じたのだ。

十月二十八日、弥太郎は京を発ち、大阪に二十日間ほど滞在して、長崎にもどって来た。

長崎に帰ると、岩崎弥太郎は新留守居組に昇格していた。上級武士（上士）の仲間入りだ。

長崎会議所の設立

年が明けると（慶応四年）すぐ、鳥羽・伏見の戦いが勃発した。

幕府軍は大敗し、将軍慶喜は大阪から開陽丸にのりこみ、江戸へ逃げた。

長崎でも一月十四日、長崎奉行の河津祐邦《かわづすけくに》が奉行所の大金をもち、ロシア船で江戸へ逃げた。

長崎奉行が逃げたあと、佐々木三四郎（土佐）、松方正義《まつかたまさよし》（薩摩）、大隈重信（佐賀）など各藩の代表者が長崎会議所を設立し、長崎の治安維持にあたった。弥太郎が大隈と親しくなったのは、このときである。

二月、岩崎弥太郎は「馬廻り」に昇進した。藩の三役に相当する破格の昇格だ。

翌明治二年（一八六九）一月、弥太郎は大阪の土佐商会に転勤になった。二年弱の長崎生活だった。そして、長崎の土佐商会は閉鎖となった。

九十九商会

版籍奉還のご裁可

一月十二日、岩崎弥太郎は大阪の藩邸にはいった。大阪は半年前に開港したばかりで、これからの発展が大いに期待されていた。このときの大阪府知事が後藤象二郎だった。

一月末、薩摩・長州・土佐・肥前の四侯が連署して「版籍奉還」を朝廷に上表した。藩の土地・人民を朝廷に返還したい、ということだ。

六日、朝廷は「版籍奉還」を裁可した。そして、藩主を知藩事に任命して、そのまま藩の運営をまかせた。

同時に政府は、民業育成のため、「藩営事業禁止令」を発し、諸藩の商会等を禁止する、と発表した。

勇躍の弥太郎と容堂の死

そのころ大阪・土佐商会の弥太郎は、めざましい活躍をしていた。艦船、武器などを購入し、東京、横浜、土佐を往復した。

翌明治三年五月、弥太郎は、土佐商会の存続問題や財政問題を話しあうため、東京に行って象二郎に会った。

このとき弥太郎は象二郎と、久しぶりに山内容堂を訪問し、馬一頭をもらって帰った。

それから二年後、容堂は酒の飲みすぎのため、わずか四十五歳で死亡した。

九十九商会の活動実態

そのころ、後藤象二郎は京都の芸者、雪子と再婚した。先妻、磯子の病死から三年後だった。そして、ふたりの間に二男四女が生まれた。

十月、土佐藩は、大阪・土佐商会を九十九商会と改名した。

政府が「藩営事業禁止令」で藩による商業活動を禁止したので、表向き、民間の私企業を装ったのだ。

しかし、実際は藩の船（夕顔、鶴、紅葉賀《もみじのが》など）を使って各地の物産を運送する、藩のための海運業をしていた。

九十九商会の代表者はもちろん民間人だったが、実質上の経営責任者は、岩崎弥太郎だった。本社は大阪においた。

ちなみに、藩船の夕顔、鶴、紅葉賀は、いずれもイギリス商人、ウィリアム・オルトから購入したものである。

薩摩、長州はトーマス・グラバーと非常に親しかったが、土佐藩はオルトとの関係が深かった。

紀州炭坑の経営

翌年（明治四年）五月、九十九商会は、紀州の新宮藩に蒸気船（三百六十トン）を売却した（七万ドル）。

新宮藩は支払いに困り、熊野川ちかくの炭坑の経営権を商会に与えた。この紀州炭坑は、弥太郎のはじめての炭坑経営であった。

出炭は順調で、大半は自社の蒸気船の燃料用だった。

七月、政府は「廃藩置県」を断行した。全国の藩はなくなり、それまでの藩主（知藩事）は東京にうつり住み、中央から新しい県知事がやって来ることになった。

そこで土佐藩は、九十九商会を岩崎弥太郎に払い下げることにした。
そのころ、弥太郎は、高知城の近くに立派な家を買った。
両親や妻子が、井ノ口村からここに移ってきた。

三川商会から三菱商会へ

九十九商会の改名

翌明治五年（一八七二）一月、弥太郎は九十九商会を三川商会と改名した。幹部の川田《かわた》小一郎《こいちろう》、石川七財《いしかわしちざい》、中川亀之助《なかがわかめのすけ》の「三人の川」から、そう名づけた。名実ともに、完全な私企業となった。

弥太郎は、はじめ三人に経営を任せていたが、やがて全権をにぎり、独裁的な采配を振るようになった。

また弥太郎は、高知県から、樟脳製造工場の払い下げもうけた。

樟脳工場経営と頓挫

樟脳はクスノキから作る食糧の防腐剤で、土佐の代表的な産業だった。外国にも輸出していた。

「今般、樟脳製造、そのまま岩崎弥太郎へ御任せに相成候」

払い下げ代金は千三百八十七円だった。この払い下げは、当初、弥太郎に大きな利益をもたらした。

ところが、クスノキ伐採の独占権に対する反発がしだいに強くなり、やがて、伐採は禁止となった。

そこで二年後、弥太郎は樟脳工場を高知県に返還した。

また、製糸工場の払い下げも受けた。千三百円だった。

弥太郎はこの事業に大金をつぎ込んだが、経営はうまくゆかず、三年後、工場を閉鎖した。

「三菱」商会の誕生

年が明けると（明治六年）、岩崎弥太郎は両親や妻子、家族全員を大阪によびよせた。

そして三月、弥太郎は、三川商会を三菱商会と改名した。三菱のマーク、三角菱が、このときはじめて登場した。

三角菱は、岩崎家の家紋「三階菱」と、藩主、山内家の「三つ柏」を合体して作ったものである。

三菱商会は、船舶数隻で国内の定期航路を開拓し、海運事業をはじめた。

このとき、ライバルがいた。前年に設立された「日本国郵便蒸気船会社」である。

この会社は、三井が政府（特に井上馨）の支援のもとに設立した、半官半民の会社で、すでに海運事業に進出していた。

そして両者の間で、運賃値下げ競争など、はげしい闘いがはじまった。

ところが三菱のほうがサービスがよく、お客を大事にしたので、しだいに三菱の評判が良くなっていった。

岩崎弥之助と後藤早苗の婚姻

そのころ弥太郎は、アメリカに留学中の弟、弥之助にあてて、手紙を書いた。

〈只今、大蔵省ヒイキノ日本国郵便会社ト、我ガ三川商会ト双方、必死ノ角力ナリ。

郵便会社ハ、大蔵省ノ船ヲ十五、六隻、引キ受ケ、大日本郵便蒸気船会社ト改メ、政府ノ威勢ヲ借リ、勢ハナハダ暴猛ノコトロ、我ガ三川ハ内外ノ人望ヲ取リ候ヲ目的ト致ス。

天下ノ人、皆、我ガ三川ノ強盛ヲ知リ、ヒタト我ガ商会ニ依頼ナリ。日々、強大ニ赴クノ勢アリ。

過日、九十九商会ノ名ヲ廃シ三川商会ト致シ候ヘドモ、コノ度、三菱商会ト相改メ候。三菱ハナリ〉⑤

弥之助は一年間の留学を終えてこの年帰国し、三菱商会に入社した。そして、二十二歳で副社長に就任した。

そのころ、弥太郎が後藤象二郎と会い、君の息女を弟の嫁に貰いたい、といった。

こうして、弥之助は象二郎の長女、早苗と結婚することになったのである。

弥太郎の訓辞

ところで、日本国郵便蒸気船会社と三菱商会のたたかいは、しだいに三菱が優勢となった。

郵便会社は、士族の商法で、サービスがわるく、船も老朽船が多かった。

弥太郎は、この会社を打ち負かしたあとのことを考えていた。それは、アメリカの汽船会社を日本近海から追い出すことだった。

岩崎弥太郎は、社員に向かって、こう激励した。

〈かの郵便蒸気船会社は、政府の保護をうけ、徒らに規模宏大なるも、これを主宰総管する人物は凡庸にして、その器にあらず。

況やその船舶は概して腐朽に傾き、実用に適さざるもの多し。

これに反し、わが商会は、社船こそ少数なりといへども、いずれも堅牢快速にして、社内の規律、厳然として整頓し、社員は協力一致して奮闘する気力に富めり。

その実力を比較すれば、最後の勝算は終にわが手に帰するに至るべし。

よって今後の方針は、第一に彼を征服し、第二に米国太平洋汽船会社の船舶を日本

領海より駆逐し、その海進権を挽回するは必ずしも不可能の事というべからず〉⑹

PM・POとの闘い

東京移転と人材育成

翌明治七年四月、岩崎弥太郎は本社を大阪から東京にうつし、三菱商会を三菱蒸気船会社と改名して、社長となった。そして、家族全員も東京に呼びよせた。

会社といっても、三菱の本質である社長の独断性、独裁性が最初から強かった。社則にこうある。

◇

第一条　当商会は会社の体をなすといえども、その実、全く一家の事業にして、他の資金募集し、結社するものとは大いに異なる。

第二条　故に会社の利益は全く社長の一身に帰し、会社の損失もまた、社長の一身に帰すべし。

そして弥太郎は、慶應義塾、東京大学、そして外国人の優秀な若者たちを積極的に採用した。

これを高く評価し、以後、弥太郎を支援するようになったのが、福沢諭吉《ふくざわゆきち》である。

◇

台湾出兵による好機到来

じつは三年前、琉球人五十四人が台湾に漂着し、現地人に殺害されていた。この年、政府は台湾出兵を決定した。

政府の実力者、大久保利通（内務卿）、大隈重信（大蔵卿）は、西郷従道（中将）、谷干城（少将）をはじめ、三千人を出兵させることにした。

大久保と大隈は、最初、半官半民の日本国郵便蒸気船会社に、社船の出動を要請した。

ところが、会社はしぶった。当時、三菱とはげしく争っていたので、客を三菱に奪われてしまうと考えたのだ。

大久保と大隈は怒った。そして、大隈が、以前から親しかった三菱の弥太郎に協力をもとめた。

岩崎弥太郎は即座に承諾し、全面協力を約束した。

よろこんだ政府は、十隻の船を三菱に与えた。

三菱は兵士、武器、食糧などの軍事輸送に全力を投入し、大久保、大隈の絶大な信頼を得ることができた。

台湾出兵は成功し、日本は、琉球が日本に帰属することを清に認めさせた。

なお、政府の信用を失った日本国郵便蒸気船会社は、翌明治八年（一八七五）、解散することになった。

そして、三菱がこの会社を吸収合併し、郵便汽船三菱会社と改名した。

海外航路のたたかい（PM社）

三菱は、相手の船舶も施設も社員も、すべて引きつぎ、持船四十数隻、社員は六百人をこえ、日本最大の海運会社となった。

そして、三菱はこの年、上海航路を開設した。日本で最初の外国定期航路である。

上海に支社もつくった。

さらに、その後、三菱は天津、香港航路も開設し、韓国の釜山にも航路を開いた。

しかし、アメリカのパシフィック・メール会社（ＰＭ社）とのたたかいは熾烈だった。

ＰＭ社は数年前、サンフランシスコと上海間の航路を開き、日本の東京、神戸、長崎とも結んでいた。

ＰＭ社は三菱に対抗して、ただちに運賃を値下げした。

当然、三菱も乗客や貨物の運賃を引き下げ、対抗した。はげしい値下げ競争がつづいた。

最後は、ＰＭ社が負けた。

十月、両社の交渉がまとまった。

「三菱は、ＰＭ社の汽船四隻と、日本国内の支店の施設などを七十八万ドルで買収する。ＰＭ社は、日清間の航路、および日本沿岸航路から撤退する」

三菱は勝った。

ところが、こんどはより強敵、イギリスのペニンシュラー・アンド・オリエンタル会社（PO社）が三菱の前に立ちはだかった。

海外航路のたたかい（PO社）

アメリカのPM社が撤退したあと、イギリスのPO社が日本・上海間の航路に参入してきたのだ。また、PO社は、東京・大阪間の貨物輸送もおこなっていた。

またまた、激しい運賃値下げ競争となった。

三菱社長、岩崎弥太郎は、経費節減のため、みずからの給料を二分の一減、幹部たちの給料も三分の一減とした。

政府も全面的に三菱を支援し、日本人が外国船を利用できないようにした。

結局、PO社も三菱に負け、日本沿岸航路から撤退することになった。

こうして弥太郎の三菱会社は、日本の海運事業を独占することになったのである。

政府の支援

海運三策の提出

政府は台湾征討のとき、輸送を郵便蒸気船会社に断られたことを反省した。

そこで明治八年五月、大久保利通は大隈重信、前島密らと相談し、海運三策を正院に提出した。

◇

第一案　わが国の海運を民営自由主義とする。
第二案　政府の保護管轄の下に、民間会社を育成し、一任する。
第三案　政府の官営で、海運事業をおこなう。

◇

この三案のうち、どれにするか、審議してほしいと要請したのである。

大久保は、第二案になると予想、期待し、そのときは三菱に一任しようと考えていた。

七月、大久保の予想どおり、正院（参議）の閣議で第二案が決まった。

大久保は、ただちに三菱を推薦する要望書を書いた。

「三菱会社々長、岩崎弥太郎儀ハ、ソノ社ヲ立ツルヤ、官ニ依頼セズ、全ク自立ノ業ヲ営ミ、名ハ社長ト称スルモ、ソノ実、専ラ自家ノ財力ヲ以テコレニ当リ…」

じつはこの直前、大久保は、部下の前島密を弥太郎邸に訪問させていた。弥太郎が、推薦に値する人物かどうか、判断するためだった。

前島密と岩崎弥太郎は、意気投合した。そのときのことを前島密が書いている。

◇

〈余は、わが国の海運事業を氏に一任せんことを閣臣に建議するの決心をなしたり。余は大久保内務卿に面会して、岩崎氏を挙ぐることを献言し、なおわが国の海運を発達せしむるには、これに対して、宜しく格別の事をなさざるべからず。汽船をことごとく同人に与えて、極力、海運の振興を企図せしむべしと進言したるに、大久保氏は非常の大決断にて、「それは面白し、君に一切を任す」との話にて、余の言に同意されたり〉②

◇

内務省の「第一命令書」

ところが、三菱に対する政府の全面支援に対して、政府内外から、かなりの反対意見があった。しかし、大久保がおし切った。

そして九月、内務省は「第一命令書」を三菱に交付した。その前文、「今般、本邦海運の事業を拡張せしむべき目的を以って、東京丸外、十二隻の汽船を無償下附し、かつ助成金として、一ヵ年、金二十五万円を交付する」

全十六条からなる命令書の内容は、

◇

一、三菱会社は、郵便物および官物を托送する。
一、政府の命による航路を開設し、維持する。
一、政府が必要とする時は、社船を徴用する。
一、三菱会社は、商船学校を開設して、海員を養成する。
一、政府は会社の会計を検査し、これを監督する。

一、海運以外の事業をなすことを禁ずる。

などであった。

◇

商船学校の開設を命じられたので、三菱は翌年（明治九年）一月、三菱商船学校を東京に開設し、学生四十四人を募集した。これが、日本で最初の商船学校である。

政府も、助成金一万五千円（年）を三菱に交付した。

不平士族の乱

秩禄処分による反乱の多発

この年八月、政府は士族の家禄制度を廃止した。

士族にとって、これまで保証されていた定額収入の道が閉ざされたのだ。公債証書で一時金を下付するというが、それもいつになるか分からない。

士族の生活は苦しくなり、プライドもなくし、政府に対する士族の反感、反発は頂点に達した。

そして十月二十四日、熊本で太田黒伴雄《おおたぐろともお》ひきいる新風連《しんぷうれん》（二百人）が熊本鎮台や県庁を襲撃、司令長官種田政明《たねだまさあき》や県令（知事）の安岡良亮《やすおかりょうすけ》を殺害した。

三日後二十七日、こんどは福岡の秋月で宮崎車之助《みやざきしゃのすけ》らが決起した。

さらにその翌日、山口の萩で前原一誠《まえばらいっせい》ら数百人が蜂起したが、官軍に敗れ、前原は斬殺された。

これらの士族の乱のときも、三菱は汽船七隻で軍事輸送にあたり、政府に協力した。

そして弥太郎の三菱が、もっとも大きな役割を果たしたのが、つぎの西南戦争であった。

西南戦争の勃発

翌明治十年（一八七七）二月、鹿児島の西郷隆盛は、上京して政府に意見しようと思った。

二月十二日、西郷は、県令の大山綱吉に上京趣意書をとどけた。

「拙者、今般、政府への尋問の筋これあり。不日、当地、発程いたし候間、御含みのため、この段、届出候」

三日後、西郷は私学校生一万五千人をひきいて鹿児島を出発、熊本へ向かった。大山は、これに公金十五万円を贈ったという。

政府に不満を持つ不平士族が各地から集まり、西郷軍は三万人をこえた。

そして二月二十一日、西郷軍は熊本鎮台の熊本城を取り囲んだ。

三菱社船の徴用命令

政府は、ただちに有栖川宮熾仁親王を征討総督に任命した。

そして、山縣有朋《やまがたありとも》（陸軍中将）、川村純義《かわむらすみよし》（海軍中将）以下、六万三千人を動員し、軍艦十四隻を投入した。

かつて有栖川宮総督の下で、参謀として討幕軍を指揮した西郷隆盛にとって、これほど皮肉な運命はない。

政府は、三菱に対して、社船の徴用を命じた。

もちろん、三菱は全面的に政府に協力した。外国航路以外の全社船（三十八隻）をそろえ、政府軍の兵士や武器、弾薬、食糧を運んだ。

そして三月下旬、政府軍は熊本の宇土《うと》、八代《やつしろ》に上陸し、西郷軍と対峙した。

西郷軍は、熊本城攻撃をあきらめ、東方の宮崎方面に向かい、延岡を攻撃することにした。

そのころ、政府がもっとも心配したのが土佐（高知）の動向だった。

高知での反乱未遂

明治維新に功績の大きかった西南雄藩で、相ついで不平士族の乱が勃発した。

じつは高知でも挙兵の動きがあった。

この年（明治十年）、板垣退助が東京で高知出身の後藤象二郎、林有造《はやしゆうぞう》、大江卓《おおえたく》、竹内綱《たけうちつな》（吉田茂の実父）らを自邸に招き、どうするか、話しあった。

穏健派の板垣や後藤は、自由民権の言論活動で政府を批判していくべきだという意見だったが、林、大江、竹内の三人は、ただちに挙兵すべし、と主張した。

林は銃の注文もしていたが、八月のはじめ、東京で捕まり、挙兵は未遂におわった。

林と大江は翌年、禁獄十年を宣告された。

西南戦争と弥太郎

戦争の終焉、西郷の自決

西南戦争は、七月末には、西郷軍の敗北が決定的となった。八月、西郷軍は延岡ではげしく戦ったが、ここでも敗北。西郷は鹿児島に還ることを決意、九州山脈を南下して鹿児島をめざした。

九月一日、西郷軍はわずか三百人で鹿児島に帰りつき、城山に布陣した。そして九月二十四日、西郷軍は、政府軍の総攻撃をうけて総くずれとなり、西郷隆盛自身も自決した。

この七ヵ月間の西南戦争における死者は、西郷軍がおよそ一万人、政府軍は六千人におよんだ。

褒賞と三菱の栄華

明治天皇は三菱と岩崎弥太郎の功績をたたえ、三菱に金四千円を下賜し、社長の弥太郎に銀盃を賜わった。

そして翌年、岩崎弥太郎は民間人として、はじめて、勲四等旭日小綬章を授かった。

三菱は、この戦争で莫大な利益をあげ、政府の信頼はさらに大きくなった。

三菱の保有する汽船は六十一隻、国内汽船の七十三パーセント（総トン）にあたり、社員は二千人をこえた。

こうして三菱は、日本海運事業を完全に独占することになった。

商業学校の開設と航路開拓

西南戦争の翌年（明治十一年）三月、岩崎弥太郎は、三菱商業学校を東京（神田）に設立した。教師の多くは、福沢諭吉の慶応義塾から招いた。福沢も、快く弥太郎に協力した。

その趣意書に弥太郎はこう書いた。

〈世界先進国は、いずれも国民経済の発展によって富強を致している。

されば、我が国も実業の発展をはかり、諸外国と平和の競争によって、国家の繁栄を実現せねばならぬ。

殊に外国商館によって掌握されている貿易商権を回復することは、刻下の緊急事である。

本校は、このような目的のために、実業の知識を修める新しい人物を養成するのである。

志のある青年は本校に来れ〉⑵
翌明治十二年、三菱は青森、函館間の航路（青函連絡船）を開設した。

また、その翌年、三菱は「三菱為替店」を開設し、金融業をはじめた。

そしてつぎの明治十四年（一八八一）、岩崎弥太郎は、長崎の高島炭坑を、後藤象二郎から買収した。

高島炭坑

マセソン商会との会談

後藤象二郎は、政府から高島炭坑の払い下げを受けたが、経営に苦しみ、イギリスのジャーディン・マセソン商会から莫大な融資を受けていた。

しかし、ジャーディン・マセソン商会に対して、約束どおりの返済ができなかった。

そこで明治十一年二月、ジャーディン・マセソン商会は、後藤象二郎を東京裁判所に提訴した。

しかし却下されたので、さらに上等裁判所・大審院に控訴・上告したが、いずれも却下された。

◇

その後、両者の間で話しあいがもたれ、四月、示談が成立した。

一、後藤は毎日、六百ドル、または石炭一二〇トンを支払うこと。

一、後藤は六ヵ月以内に二十万ドルを支払うこと。

◇

しかし象二郎は、このどちらも約束をはたせなかった。

そこで六月、ジャーデイン・マセソン商会のジョンソンが上海から日本にやってきた。そして、ジョンソン・後藤会談がもたれた。

この会談で、ジョンソンは象二郎を見限った。

そして十一月、ジャーデイン・マセソン商会は、ふたたび後藤象二郎を東京裁判所に提訴した。

「後藤は百二十万ドルを支払え」と。

ところが、その後、ふたたび和解が成立し、象二郎が六十五万ドル支払うことで決着した。

しかし、これも、払えるかどうか分からない。象二郎の悩みは深刻だった。

その後藤象二郎を助けるため、象二郎に敬意をもつ福沢諭吉が立ち上った。

そして明治十三年（一八八〇）五月、福沢は岩崎弥太郎と長時間、会談し、高島炭坑を買いとるよう説得した。

福沢、大隈による買収説得

かつて土佐藩時代、岩崎弥太郎は後藤象二郎の部下で、いろいろ世話にもなったが、それでも弥太郎は買収をしぶった。

そこで福沢は、こんどは大隈重信を訪ね、大隈から弥太郎を説得してもらうことにした。

大隈と弥太郎は若いころからの知り合いで、その後も親しい関係がつづいていた。

そして大隈も弥太郎に会い、高島炭坑の買収をつよく勧めた。

弥太郎の弟、弥之助も同じ意見だった。弥之助は、象二郎の長女、早苗と結婚しており、このとき三菱の副社長だった。

七月、岩崎弥太郎は、ついに高島炭坑の買収を決断した。

このことを、弥之助がただちに長崎の後藤象二郎に知らせた。条件は、高島炭坑の全権を三菱に移すことだった。

そして翌、明治十四年（一八八一）三月、東京の三菱本社において、岩崎弥太郎と後藤象二郎の間で、高島炭坑譲渡約定書が交わされた。

◇

第一条、岩崎弥太郎ハ金六十万ヲ限度トシ、後藤象二郎ノ負債ヲ消却ス。

第五条、後藤象二郎ヨリ政府へ上納スベキ（払い下げ代金）残額二十六万円ハ、岩崎弥太郎ニ於テ引キ受ケ、弁納スベキ事。

第六条、ジャーデイン・マセソン会社ニ支払フベキ洋銀二十万ドルハ、岩崎弥太郎ヨリ支払フベシ。

◇

後藤象二郎の負債も、政府への払い下げ代金も、ジャーマデイン・マセソン商会からの債務も、すべて岩崎弥太郎が支払うことになった。

大隈の再説得と経営開始

ところが、その後、象二郎の負債はもっと多いことが分かった。

激怒した弥太郎は、買収契約を破棄するといきまき、弟の弥之助に怒りの手紙を書いた。

〈いったん象二郎へ向け、六十万までなれば引き受け致すべき旨、申し談じ候へども、不都合発顕しては、我において、いささかも象二郎を助ける心これなく候。我より違約するに非ず、象二郎、我をごまかし、我を愚弄せんとするの心得は、我においても千万、不面目なり〉⑫

おどろいた弥之助が福沢に報告し、福沢が大隈に知らせ、ふたたび大隈が弥太郎の説得にのり出した。

結局、弥太郎が折れ、象二郎の負債をさらに十一万円ほど多く負担して、引きうけることになった。

こうして明治十四年四月一日、三菱高島炭坑がスタートしたのである。

じつはこの年以後、採炭量は好調がつづき、高島炭坑は、やがて三菱のドル箱となった。

第六章
弥太郎と象二郎の最期

晩年の後藤象二郎（国立国会図書館蔵）

明治十四年の政変

開拓使官有物払い下げ事件

この年（明治十四年）、官有物払い下げ事件がおきた。

八月、政府は黒田清隆《くろたきよたか》（北海道開拓使長官）のつよい主張により、北海道の官有物の払い下げを決定した。

北海道開拓の十年計画が一応、完了したので、政府は、官営の工場、鉱山、農地、牧場などを民間に払い下げることにしたのである。

ところが、政府が千五百万円も投じてきたものを、わずか四十万円（三十年賦、無利子）で、しかも黒田と同じ薩摩の五代友厚に払い下げようとしたので、大問題となった。

政府の内外から、政府批判、黒田非難がわき起った。

政府の実力者、大隈重信（参議）も反対した。また、北海道進出をねらっていた三菱の弥太郎も、もちろん反対だった。

当時、政府を牛耳っていた薩長閥（伊藤、井上、黒田ら）は、大隈重信、岩崎弥太郎をにくんだ。

また、大隈と薩長閥の間には、国会開設の時期をめぐる深刻な意見の対立があった。

大隈の失脚と三菱への圧迫

大隈や福沢は、すぐにも国会を開設すべしと主張したが、薩長閥は、時期尚早だと反発していた。

薩長閥は、大隈の失脚と三菱の打倒をねらった。

これまで大隈の支援をうけて海運業を独占してきた弥太郎の三菱に対して、三井と組む井上馨らは、反三菱の会社を設立しようとした。

じつはこの年（明治十四年）十月、天皇の北海道巡幸に随行していた大隈参議の留守中、薩長閥の伊藤、井上、黒田らがひそかに会い、謀議をもった。そして、つぎの三点を確認した。

◇

一、大隈の参議を罷免する。

二、九年後（明治二十三年）国会を開設する。
三、官有物の払い下げは中止する。

◇

大隈罷免が、一番の目的であった。

そして十月十一日、天皇が東京にもどってきた。その夜、伊藤たちは天皇に上奏文を提出し、右の三点の裁可を得た。

大隈はおどろき、翌日、宮中にかけつけたが、なかに入ることさえ許されなかった。

大隈は辞職するしかなかった。そして、大隈、福沢門下の前島密《まえじまひそか》、犬養毅《いぬかいつよし》、尾崎行雄《おざきゆきお》たちも、いっせいに官界を去った。

つぎに三菱に対する政府の攻撃がはげしくなった。

十一月の雑誌に、つぎのような記事が載った。

「農商務省の経費の大半（二十七万円）が三菱の助成金である。政府は断乎として保護政策を撤回し、三菱の専横を絶たねばならぬ」

そのころ岩崎弥太郎は、社員に対し、政治にはぜったいに関与するな、と三菱の鉄則を訓示した。

〈官有物払い下げの議論が起き、中には虚妄の説を唱へ、わが三菱会社は新聞記者などに巨額の金品を贈付し、与論を鼓動せしめ、また某大臣の門に出入りし、暗に国会の開設に尽力するなどと言いふらし、奇怪の浮説を伝播する者、これある由、あい聞こえ、実にもって容易ならざる事に候。

そもそもわが社の本務たるや、もっぱら回漕上の商業を営み、一般客貨運輸の便をはかり、ひたすらその本業に従事いたすべし。いたずらに時事を談論する等、これあり候ては相成らず〉(2)

反三菱の会社

自由党結成と板垣の殉難

九年後の国会開設時の選挙にそなえ、反政府勢力は自由党を結成した。

総理（総裁）は板垣退助、常議員（四人）のひとりに後藤象二郎が就任した。

自由党の目的は、自由を拡充し、立憲政体の確立に尽力することだった。

ところが翌年（明治十五年）四月、その板垣が岐阜で刺客に胸を刺された。

「板垣死すとも自由は死せず」

と叫んだといわれる板垣の名文句は、このときのことである。幸い、命に別状はなかった。

そのころ、参議を罷免された大隈重信も、立憲改進党を結成した。

三菱対抗の新会社設立

五月、農商務卿の西郷従道が、三菱に対抗するため、政府直属の新会社を設立すべし、と献言した。

それは、東京風帆船会社、北海道運輸会社、越中風帆船会社の三社を合併し、資本金三百万円（その内、政府は百三十万円）でのスタートを見込んでいた。

そして七月、品川弥二郎（農商務大輔）が三社の社長をよび、新会社、設立の趣意を説明したあと、命令書を交付した。

弥太郎の呼びかけ

これに対抗して、三菱の岩崎弥太郎は、結束して頑張ろう、と社員によびかけた。

「先達てより、世評紛々の汽船設立も、ついに官より百三十万円を出し、株主を募集する趣に候。

いかなる会社が出来ようが、その辺には一向とんちゃくせず、ただただ我社は我社の事務を勉強し、なるだけ人との交際も貞実、親切に取り扱い、而して大小の出費高を減じ、内幕の基礎を定確するの外これなく候」

そして十月、政府直属で反三菱の新海運会社、共同運輸会社が設立されたのである。

設立人は渋沢栄一《しぶさわえいいち》や三井の益田孝《ますだたかし》であるが、三井と親しい井上馨や農商務省の品川弥二郎らが中心になって動いた。

社長は海軍少将の伊藤雋吉《いとうとしよし》、副社長は海軍大佐の遠武秀行《とおたけひでゆき》だった。

資本金は予定の倍額の六百万円、政府の出資も倍額の二百六十万円となった。

共同運輸との闘い

新会社始動、値下げ競争

翌年（明治十六年）一月、共同運輸会社が営業を開始した。国内、外国航路とも、三菱ときびしく競合した。

共同運輸と三菱のはげしい闘いがはじまった。

まず、運賃の値下げ競争。三菱は乗客の運賃を二割ほど値下げし、貨物にいたっては四割も下げた。

このときの岩崎弥太郎の覚悟のほどを、同じ土佐出身の谷干城が、こう書いている。

〈岩崎氏の苦心経営は、実に他人の想像し能はざるものありしならんと察せられたり。

氏はこのとき、自己の精力と自己の財産のあらん限りを尽くして競争し、而して後、倒るるの外なし、と決心しいたり。

まかり間違へば、何もかもことごとく打捨てしまはんとの覚悟なり〉②

年が明けると（明治十七年）、両社のたたかいはいっそう激しくなった。

ところが、そのころ、弥太郎の体調に異変が現われるようになった。

病魔に襲われた弥太郎

夏になると、弥太郎は食欲がおとろえ、元気がなくなり、弟の弥之助が代行することが多くなった。

九月には、めまいで倒れ、しばらく熱海《あたみ》で静養することになった。

そして十月なかごろ、弥太郎は東京にもどり、駒込の六義園《りくぎえん》の別邸にこもった。六義園というのは、五代将軍、綱吉時代の柳沢吉保《やなぎさわよしやす》邸の跡だ。

弥太郎はここでよく吐き、体力はひどく衰えたが、母の美和と妻の喜勢が付きっきりで看病した。

十一月、外国人の医師が、弥太郎は胃ガンで、余命は三ヵ月と診断した。しかし、本人には知らせるな、と家族にいいふくめた。

熾烈な競争と行政介入

この間、共同運輸と三菱の死闘はつづいていた。値下げ競争だけでなく、速力競争もはげしかった。

両社の船が前後して同じ港を出港すると、追いぬくか、ひき離すか、エンジン全開で速力を競った。

また、すれ違うときは、どちらも航路をゆずらず、衝突事故をひき起こすこともあった。

十月二十一日、三浦半島の観音崎沖合で、三菱の帆船（七百トン）が共同運輸の汽船（二千五百トン）に体当たりされ、船体が大損傷した。

結局、これは共同が二万円の弁償金を支払うことで解決した。

このあと、農商務省は両社に対し、出港時間を五時間ないし十時間、間隔をとるよう命じた。

「国賊」扱いに激怒

　ところで農商務卿の西郷従道は、なかなか白旗をあげない三菱に対して、「三菱は国賊同様なり」と非難した。

　これを聞いた弥太郎は、さすがに激怒した。そして、こういい放ったという。

「我を国賊と呼ぶか。政府がこの方針なら、我もまた所有の汽船を残らず遠州灘に集めて焼き払い、残りの財産はすべて自由党に寄付せん。かくなれば、薩長政府はたちまち転覆するであろう」

弥太郎の死

死への意識と医者の配慮

　年が明け、明治十八年（一八八五）となった。

一月十三日、農商務卿の西郷従道が共同運輸と三菱の副社長をよび、過激な競争をやめて、話しあいをするよう命じた。

岩崎弥太郎はそのころ、死を意識するようになっていた。

一月十七日、弥太郎は、いとこで側近の豊川良平《とよかわりょうへい》をよび、

「医者は不治ではないというが、自分はふたたび社会に出て活躍することは覚束ないように思う。自分はいかなることを聞いても決して恐れない。治か不治か、医者に真実を聞いて来い」

と命じた。

豊川は、医者のところに行って相談した。しかし、医者は、このときも、本当のことを話すな、といった。

臨終の弥太郎

その半月後（二月三日）、弥太郎は見舞いに来た幹部の川田小一郎に、

「余の命は三日も保つまい」といった。

その三日後（二月六日）、明治天皇は岩崎弥太郎に従五位を授けた。

そして、その翌日（二月七日）の夕方、死を覚悟した弥太郎は、泣いている母と妻に、

「泣くな、静かにせよ」

といい、弟の弥之助に、つぎのように遺言した。

〈我も東洋の男子と生まれ、我が志すところ、未だ十中の一、二を為さず、今日に至る。最早や仕方なし。

岩崎家は古来、嫡統を尚ぶの家なれば、久弥（長男）を岩崎家の嫡統とし、弥之助はこれを補佐し、小早川隆景が甥の毛利元就を補佐せし如くせよ〉②

そして午後六時半、岩崎弥太郎は胃ガンのため、静かにこの世を去った。五十歳だった。

弥太郎の後継者たち

二月十三日、葬儀は神式で盛大に取りおこなわれた。喪主は長男の岩崎久弥、この

とき二十歳だった。

遺体は朝廷の儀仗兵に先導されて染井墓地に運ばれ、埋葬された。

三菱の二代目社長には、弥太郎の弟、岩崎弥之助が就任した。このとき三十四歳だった。

弥之助は兄、弥太郎の遺言をまもり、八年後、久弥が二十八歳になったのを機に社長のイスをゆずり、自分は四十二歳で後見役となった。

海運撤退

値下げ競争ふたたび

岩崎弥太郎の死後、共同運輸と三菱のたたかいはさらに激烈になった。

しかし、その後三月六日、両社は三十カ条わたる協定をむすんだ。

ところが、その一ヵ月後、共同運輸が協定をやぶり、ひそかに運賃を値下げしていた。

当然、三菱は反発し、ふたたび激しい値下げ競争となった。

そのころ、ある者が三菱の事務所に現れ、

「共同運輸は下等の切符で中等に乗せてくれる。三菱も同じようにしてくれ」

と申し入れたという。

このあと、三菱も地方支社に対し

「団体客なら幾らにしてもよい、臨機応変に措置せよ」

と指令した。

激烈な値下げ競争がつづき、三菱も苦しかったが、共同運輸はさらに打撃が大きかった。会社は大きな赤字をかかえ、株主への配当金も出せない状態だった。

新社長就任と合併

そこで四月、政府は共同運輸の社長（伊藤雋吉）、副社長（遠武秀行）を退任させた。ふたりは海軍にもどった。

新社長には、農商務省の森岡昌純《もりおかまさずみ》を任命した。

森岡は七月、ふたつの会社は合併するしかないと政府に上申した。

「両社の両立する限りは、競争、止むときなし。政府は速やかに共同、三菱、両社を合併し、以って適当の一会社を確立せしめられたし」

また、森岡はひそかに三菱の弥之助と会い、率直に合併問題を話しあった。弥之助も合併に合意した。

合併をうけ入れた三菱は八月、つぎのような意見書を政府に提出した。

「新会社を株式組織にすることは可とするが、株主の権利を重視すると、社長の手腕を発揮できないので、創業期には社長に全権を与えるのがよい」

三菱としては、三菱伝統の社長独裁制を主張したのである。

おなじころ、共同運輸の臨時株主総会が開かれた。

合併の議論は沸騰したが、採決の結果、四千六百四十二株中、賛成三千三百六十九、反対千二百七十三で、合併が認められた。

そして九月末、両社が合併して、「日本郵船株式会社」が発足した。

資本金は千百万円（共同六百万円、三菱五百万円）だった。初代社長は共同の森岡昌純だったが、二代目は三菱の吉川泰二郎《よしかわたいじろう》が就任した。

また株の半数は岩崎家が持ち、経営陣も三菱出身者が多く、実権は三菱系がにぎった。

こうして「日本郵船」は六十隻の汽船を所有し、日本最大の海運会社として発足したのである。

海運事業からの撤退

三菱は、海運事業から撤退することになった。汽船や事務所などの資産は新会社に引きわたし、五百十五人の社員も新会社に移籍した。

内外のライバルと激烈な戦いをくり返して来た三菱の海運事業は、岩崎弥太郎一代で終った。

「日本郵船」発足から一ヵ月後、三菱社長、岩崎弥之助は、

「三菱会社創立以来、亡兄、弥太郎を補佐し、本邦海運の事業拡張の際、尽力すくなからざるに付き」

従五位、勲四等旭日小綬章を授けられた。

その後、弥之助は、それまでの炭坑、造船、製鉄などのほか、新しく銀行、地所、建築、商事などの分野にも進出し、企業の多角化につとめ、巨大な三菱財閥を形成していった。

板垣、後藤の洋行

ヨーロッパ外遊のすすめ

「明治十四年の政変」でライバルの大隈重信を政府から追放した伊藤博文は、その翌年、憲法調査のため、ヨーロッパへ旅立った。

出発直前、伊藤は自由党の板垣退助に会い、

「あなたこそ外遊すべきだ」

と巧妙に洋行をすすめた。

外遊経験のない板垣はすっかりその気になった。

じつは伊藤博文と井上馨は、何回も密談をくり返し、自由党を弱体化させるため、板垣退助と後藤象二郎を外遊させようと謀った。

後藤象二郎には、井上が話をした。象二郎もその気になった。象二郎も、やはり外遊経験がなかった。

その後、板垣と後藤が直接、話しあい、いっしょに外遊しようということになった。

外遊費用は、井上と関係の深い三井が出すことになった（二万ドル）。

そして十一月のはじめ、自由党の板垣退助と後藤象二郎は、フランス汽船で横浜を発った。

このとき井上は、世話と監視のため、側近の者をふたりに随行させた。

非難轟々の板垣、後藤

板垣、後藤たちは十二月末、フランスのパリについた。その後、かれらはドイツ・イギリスにも行き、伊藤にも会っている。

この板垣たちの洋行に対して、世論は強く反発した。

自由党のなかからも、痛烈な批判が出た。幹部の馬場辰猪《ばばたつい》が、こう書いている。

〈板垣は狂ったのではないか、と思った。板垣は、自由党の聡明な党員多数の意見や忠言を、まったく無視して、ヨーロッパへ出発した。彼は、頼りになる党員の信頼を、すべて失った〉⑦

そして、幹部の馬場たちは、党役員を辞任した。

おなじ反政府の改進党も、板垣たちの外遊をきびしく攻撃し、非難した。

これには、自由党もいい返した。大隈の改進党を三菱党ときめつけ、三菱の弥太郎を「海を制する海坊主」とよんだ。

自由、改進両党を、共に弱らせる、という政府の思うツボだった。

騒擾事件の多発と解党

それにしても、自由党内の混乱、党の弱体化は深刻だった。幹部は辞任し、党内の一部に、過激な直接行動に走る急進派が生まれた。

板垣たちの外遊中に福島事件、高田《たかだ》事件がおき、帰国後も群馬事件、加波山《かばさん》事件、秩父事件など、大事件が続発した。

その板垣、後藤たちは、明治十六年六月、八ヵ月ぶりに日本に帰ってきた。象二郎は、少々フランスかぶれになっていた。

信用をなくした板垣が帰国しても、党内の混乱はどうしようもなかった。

そして翌明治十七年（一八八四）十月、自由党はついに解党を決定した。

おなじく十二月、立憲改進党も大隈が党をはなれ、事実上、解党した。

大同団結運動

内閣発足と保安条例

その翌年（明治十八年）十二月、政府は太政官制を廃止し、近代的な内閣制度を確立した。初代内閣総理大臣には、伊藤博文が就任した。

これに対し、自由民権派の星亨《ほしとおる》が立ちあがった。バラバラになっていた民権派、在野勢力を再結集させようと動きだしたのだ。これが大同団結運動のはじまりである。

星は、そのリーダーに後藤象二郎を考えていた。

ところが明治二十年（一八八七）五月、その後藤象二郎は、板垣退助、大隈重信とともに伯爵になった。またしても政府の懐柔策だった。

それでも象二郎は、大同団結運動の指導者のつもりだった

十月から十一月にかけて何回も有志の大懇親会が開かれたが、その席で象二郎は、「我が口舌、以て兵刃に換へ、我が肉体、以て砲台に換へん」と叫んだ。

これに対して、政府（伊藤内閣）は十二月、保安条例を発布した。

◇

第一条、秘密の結社、集会は之を禁ず。犯す者は一月以上、二年以下の軽禁錮に処す。

第三条、内乱を陰謀し、又は治安を妨害する目的文書、図書を印刷したる者は処分するの外、機械を没収すべし。

第四条、　皇居から三里（十二キロ）以内の地に住居する者にして、内乱を陰謀し、
又は治安を妨害するのおそれありと認むる時は、退去を命じ、三年以内、同地内に住居することを禁ずる。

◇

それにより、後藤象二郎と親しい星亨、尾崎行雄、中江兆民《なかえちょうみん》をはじめ、数百人が東京から追放された。

なぜか象二郎には退去命令が出なかったが、象二郎邸の前では、いつも警察官が出入りの者を調べる姿があった。

そして、翌明治二十一年（一八八八）二月、伊藤博文は、かつて追放した大隈重信を外務大臣に招いた。大同団結運動にクサビを打ちこむ策謀である。

四月になると、伊藤は憲法制定の任に当るため、枢密院議長となり、第二代総理大臣には、薩摩の黒田清隆が就任した。

全国有志懇親会

そのころ、福島で大同団結の懇親会が開かれた。全国から百九十人が集まり、その

場で後藤象二郎が指導的立場に立った。

さらに十月、大阪でも全国有志懇親会が開かれ、三十五府県から四百人が集結した。そして、つぎのことが決まった。

〈本会ハ来ル二十二年三月ヲ期シ、大同団結ヲ謀スルガタメニ、東京モシクハ横浜ニ於テ、更ニ全国有志大懇親会ヲ開クベキ事〉(10)

土壇場での裏切り

後藤象二郎は大同団結運動のため、全国遊説を行った。演説には自信があった。まず七月、象二郎は東北遊説に出発した。東北各地で大歓迎をうけ、一ヵ月半の間に三十回以上も大演説をぶった。

十二月には東海、中部、北陸地方の遊説に出た。正月をはさみ、こんども一ヵ月半、各地を演説して回った。

総理の黒田は、そういう象二郎を入閣させようと動きだした。

黒田みずから象二郎を訪れ、直接、入閣してほしい、と口説いた。

なんと、後藤象二郎が、あっさり承諾した。

それが明らかになると、大同団結の同志、仲間、支援者、皆、激怒し、象二郎を非難した。

象二郎、入閣

大日本帝国憲法の発布

明治二十二年（一八八九）二月十一日、大日本帝国憲法が発布された。天皇の欽定憲法だった。

この日、皇居の大広間で憲法発布式が挙行され、夜は三百数十人が参加して祝賀宴会が催された。

◇

明治天皇の勅語
「朕、国家ノ隆昌ト臣民ノ慶福トヲ以テ中心ノ欣栄トシ、現在オヨビ将来ノ臣民ニ対シ、コノ不磨ノ大典ヲ宣布ス」
第一条、大日本帝国ハ、万世一系ノ天皇、之ヲ統治ス。

第三条、天皇ハ、神聖ニシテ侵スベカラズ。

第四条、天皇ハ国ノ元首ニシテ、統治権ヲ総攬ス。

第十一条、天皇ハ、陸海軍ヲ統帥ス。

第十三条、天皇ハ戦ヲ宣シ、和ヲ講ジ、オヨビ諸般ノ条約ヲ締結ス。

◇

天皇大権の憲法だった。

逓信大臣と不平等条約

いっぽう、この直後、大同団結の発会式があった。後藤象二郎も出席したが、皆に罵倒され、すぐ退出した。

そして三月三日、後藤象二郎は、黒田内閣の逓信大臣に就任した。

そのころ、大隈外相の条約改正案が問題になった。

幕末の不平等条約を改正するための日米交渉で、日本が外国人裁判官を任用しようとしていることが明らかになったのだ。

この「屈辱案」に国民は怒った。

そこで十月十五日、閣議が開かれた。黒田首相、大隈外相はこの改革案を強行しようとしたが、このとき後藤象二郎は反対論を主張した。

三日後の閣議で、大隈外相は辞任を申し出た。そして四時ごろ外務省を退出したところ、大隈はとつぜん、何者かに爆弾を投げつけられた。命に別状はなかったが、左足を失った。

条約改正交渉は、ふたたび中止となった。

その一週間後、黒田は総理大臣の辞任を表明した。

第三代総理大臣には、長州の山縣有朋が就任した。青木周蔵《あおきしゅうぞう》が新外相となり、後藤象二郎は、そのまま逓信相を留任した。

正二位、勲一等

第一回衆議院選挙と議会

翌明治二十三年（一八九〇）七月一日、帝国議会の第一回衆議院議員の総選挙がおこなわれた。

選挙権も被選挙権も、国税十五円以上を納入する男子に限られ（選挙権は二十五歳、被選挙権は三十歳以上）、当時の全人口の一パーセントほどだった。

選挙の結果、反政府の民党が百七十八人当選し、過半数をこえた（定員は三百人）。そして十一月、はじめての議会（第一議会）が開かれた。

政府が提出した予算案を民党が大幅に削減しようとしたため、議会は紛糾した。民党は「民力休養、経費節減」をさけび、予算の大幅縮小を主張したのだ。

翌年五月、山縣はついに総理を辞任し、薩摩の松方正義が第四代総理となった。象二郎は、ひきつづき逓信大臣のまま。

十一月、第二議会が開かれた。もちろん、民党が優勢だ。

軍事費（軍艦建造費）をめぐって、またしても政府と民党が、激しく対立した。

十二月、松方首相は議会を解散した。

品川の選挙干渉と失敗

年が明け（明治二十五年）、総選挙が近づくと、政府は品川弥二郎（内相）の指揮の下、民党きりくずしのため、猛烈な選挙干渉を行った。

警察による戸別訪問、民党演説会への襲撃、民党運動員に対する傷害行為等、さまざまなことがあった。

その結果、民党壮士団と警察との衝突事故が各地でおこり、死者二十五人が出た。

品川のこの強引な手法に後藤象二郎は批判的だった。

そして、二月十五日、第二回総選挙が行われた。

ひどい選挙干渉にもかかわらず、やはり民党がつよく、百六十三人、当選した。政府側の吏党は敗北した（百三十七人）。

象二郎は品川の責任を追及した。

その後、三月、品川弥二郎は責任をとり、内相を辞任した。

天皇のねぎらいと陪食

この年、七月四日、高輪の豪華な後藤象二郎邸（洋館）に明治天皇が行幸した。象二郎、雪子夫人をはじめ、子供、孫など十数人が出迎えた。

天皇から、象二郎に銀盃と花瓶、夫人には紅白のチリメンが下賜された。

陪食《ばいしょく》の席には、熾仁親王以下、各親王、総理大臣（松方正義）以下、各大臣が出席した。

明治天皇は、後藤邸に十時間以上、滞在した。

翌五日、こんどは皇后が後藤邸に行啓《ぎょうけい》した。

陪食の席には、熾仁親王夫人、松方夫人など、華族や大臣の夫人たちが招かれた。

大臣辞職と失意の晩年

ところが、その直後、松方首相は陸海軍の反発をうけ、辞任してしまった。

そのあと、第二次伊藤博文内閣が成立した。後藤象二郎は、こんどは農商務大臣だった。

翌年（明治二十六年）、後藤象二郎のスキャンダル事件がおきた。

じつは六月、農商務大臣、後藤象二郎と同省次官の斉藤修一郎《さいとうしゅういちろう》が、東京築地の待合で、大阪の商人から酒食の饗応をうけたことが発覚した。

世論は、象二郎をきびしく批判した。議会でも象二郎は攻撃をうけ、きびしく追及された。

年が明けると（明治二十七年）、斉藤次官が免職となった。

後藤象二郎に対する世間の批判は、いっそうきびしくなった。枢密院、貴族院も、象二郎をはげしく攻撃した。

そして一月二十二日、後藤象二郎は、ついに農商務大臣を辞任した。

その後、象二郎は、心臓病を患い、箱根で静養していたが、やがて東京にもどった。

そして明治三十年（一八九七）八月四日、朝、後藤象二郎は五十九歳の生涯を終えた。正二位勲一等旭日大綬章に叙せられた。

土佐の両雄、後藤象二郎と岩崎弥太郎は、ひとりは政界で、かたや実業界で、それぞれの天分を思う存分発揮した。

（了）

〈著者 プロフィール〉

志岐隆重（しき たかしげ）

〈略歴〉

一九三八年生まれ。
一九六二年広島大学卒。
以後、長崎県立高校教諭（社会科）。
一九九九年退職。長崎市在住。

〈著書〉（歴史ノンフィクション）

『島原・天草の乱』 葦書房
『天正少年使節』 長崎文献社
『長崎出島四大事件』 長崎新聞社
『トーマス・グラバーと倉場富三郎』 長崎新聞社
『十二回の朝鮮通信使』 長崎文献社
『元と高麗の侵攻』 長崎文献社

後藤象二郎と岩崎弥太郎
幕末維新を駆け抜けた土佐の両雄

発行日 2016年11月25日 初版発行
著者 志岐隆重
発行人 柴田義孝
編集人 堀 憲昭
発行所 株式会社 長崎文献社
長崎市大黒町3丁目1番 長崎交通産業ビル5階
TEL 095（823）5247 FAX 095（823）5252
HP http://www.e-bunken.com
印刷所 日本紙工印刷株式会社

ISBN 978-4-88851-269-5 C0021